江西理工大学清江学术文库

考虑决策者行为因素的直觉模糊决策理论与应用

任海平 著

北 京
冶 金 工 业 出 版 社
2021

内 容 提 要

本书对考虑决策者行为因素的直觉模糊决策理论与应用进行了详细阐述，主要内容包括三方面：基于距离测度的决策有偏好的直觉模糊多属性决策理论与应用研究；考虑决策者风险态度的直觉模糊多属性决策理论与应用研究；基于考虑决策者心理行为的梯形直觉模糊多属性决策理论与应用研究。

本书可供从事模糊数学、决策理论研究的人员阅读，也可供高校数学、管理等专业的师生参考。

图书在版编目(CIP)数据

考虑决策者行为因素的直觉模糊决策理论与应用/任海平著．—北京：冶金工业出版社，2021.3

ISBN 978-7-5024-8721-8

Ⅰ.①考… Ⅱ.①任… Ⅲ.①模糊逻辑—应用—决策学—研究 Ⅳ.①C934

中国版本图书馆 CIP 数据核字(2021)第 020766 号

出 版 人 苁长永
地 址 北京市东城区嵩祝院北巷 39 号 邮编 100009 电话 (010)64027926
网 址 www.cnmip.com.cn 电子信箱 yjcbs@cnmip.com.cn
责任编辑 杨 敏 美术编辑 彭子赫 版式设计 禹 蕊
责任校对 郑 娟 责任印制 李玉山
ISBN 978-7-5024-8721-8
冶金工业出版社出版发行；各地新华书店经销；北京虎彩文化传播有限公司印刷
2021 年 3 月第 1 版，2021 年 3 月第 1 次印刷
169mm×239mm；7.75 印张；150 千字；115 页
49.00 元

冶金工业出版社 投稿电话 (010)64027932 投稿信箱 tougao@cnmip.com.cn
冶金工业出版社营销中心 电话 (010)64044283 传真 (010)64027893
冶金工业出版社天猫旗舰店 yjgycbs.tmall.com
(本书如有印装质量问题，本社营销中心负责退换)

前　言

自从Zadeh教授引入模糊集的概念以来，模糊集得到了广泛的关注并已经被成功应用到诸如经济预测与决策、智能控制和军事工程等诸多领域。但有一些决策问题，由于决策者受时间、精力以及知识上的不全面等主客观因素的影响，在决策过程中常存在着不同程度的犹豫或表现出一定程度的知识缺乏，使得评价结果表现为肯定、否定和介于肯定与否定之间的“非此非彼”的犹豫三种情形。传统的模糊集不能很好地刻画此类问题，于是保加利亚学者Atanassov教授于1986年对模糊集进行了拓展，提出了直觉模糊集的概念。通过引入非隶属度参数，直觉模糊集能够同时考虑隶属度、非隶属度和犹豫度三方面的信息，可描述“非此非彼”的模糊概念，进而可以很好地描述决策者对其所做判断的犹豫性和不确定性，因此能够更加细腻地刻画客观世界的模糊本质，比传统的模糊集在处理模糊性和不确定性等方面更具有灵活性和实用性。近年来，有关直觉模糊集理论的研究已受到国内外相关领域学者的关注，并且已被应用于诸如经济决策、医疗诊断、图像处理、模式识别等领域。由于客观事物的复杂性和不确定性以及决策者知识的局限性，隶属度和非隶属度有时很难用精确数表示，而区间数可以很好地刻画此类情形，为此Atanassov和Gargov于1989年对直觉模糊集进行了拓展，提出了区间直觉模糊集的概念。2003年，Grzegrorzewski将直觉模糊集延伸到连续情形的直觉模糊数，2005年，Nehi和Maleki进一步提出了参数型直觉梯形模糊数的概念并定义了相应的运算法则。Shu等在2006年也对直觉模糊数进行了拓展，定义了直觉三角模糊数，并应用于故障树分析，在此基础上，王坚强在2008年定义了直觉梯形模糊数。采用梯形模糊数或三角模糊数来刻画隶属度和非隶属度，比直觉模糊集更加科学，且较容易被决策者量化和执行，因而在决策科学领域更具有研究的理论价值。

现实的模糊决策问题的求解过程常伴随着决策者的行为因素，例如决策者对方案的偏好行为、决策者对模糊数的认识有时会伴随该决策者的风险态度或者心态因子、决策者的心理行为以及决策者的后悔行为等，而决策者的行为因素通常会影响最终的决策结果，因此，如何将决策者的行为因素考虑到决策方法中就显得尤为重要。但是，目前大多数多属性决策都是假设人是在完全理性的前提下进行的决策，考虑决策者行为的多属性决策方法虽已经引起了很多学者的关注和研究，但是研究的成果还不够多，研究也还不够深入。为此，本书针对各种情形的含有决策者行为因素的多属性决策问题进行了进一步的分析和研究，构建了相应的行为多属性决策模型，提出了更加有效和可行的多属性决策方法。本书将进一步丰富和发展考虑决策者行为因素的直觉模糊多属性决策理论，对拓展直觉模糊集在决策领域的研究具有积极的学术意义，同时也为丰富模糊多属性决策和群决策的研究内容、发展现代决策科学的理论与方法起到一定的推动作用，为现实中解决含有决策者行为因素的多属性决策问题提供科学的指导和必要的理论支持。

本书的内容编排如下：第 1 章是绪论，主要介绍直觉模糊决策理论研究的背景意义和国内外研究现状等内容；第 2 章介绍直觉模糊集的基本理论知识，主要回顾了直觉模糊数、区间直觉模糊数和直觉梯形模糊数等相关的概念、运算法则等知识；第 3 章探讨考虑决策者风险态度因素的各类直觉模糊数的排序函数的构造，并进一步发展相应的决策理论和方法；第 4 章研究基于前景理论的直觉模糊数、区间直觉模糊数和广义直觉梯形模糊数型多属性决策理论与方法；第 5 章研究基于后悔理论的直觉模糊数和参数型、直觉梯形模糊数型多属性决策理论与方法；第 6 章为本书的研究总结和展望。

本书涉及的有关研究及出版得到了国家自然科学基金（71661012）、江西省教育厅科学研究重点项目（GJJ170496）和江西理工大学学术著作出版基金资助计划的支持和资助，在此一并表示感谢。

由于作者水平有限，书中不足之处，敬请广大读者批评指正，提出宝贵意见。

作　者

2020 年 8 月

目　录

1 绪　　论

1.1 研究背景及意义

决策是管理的核心，它广泛存在于人类日常生活的方方面面。很多决策方法已经被成功应用到诸如管理科学、机械工程、军事工程和医疗诊断等多个领域[1~5]。在决策理论中，多准则决策（multi-criteria decision making，MCDM）的研究备受关注，它是指同时考虑多种准则或目标后所做的决策[6]。一般来说，多准则决策可分为多属性决策（multi-attribute decision making，MADM）及多目标决策（multi-objective decision making，MODM）。其中，多属性决策是指为完成预期的目的，首先确定评估属性（准则、指标），然后经过初步考察和分析确定一些备选方案，决策者根据评估属性对备选方案进行评估，最后建立数学模型，对备选方案进行排序和择优[7]。根据参与决策的专家数目的不同，多属性决策通常又分为单人多属性决策和多人多属性决策（多属性群决策）。属性值为精确数的多属性决策理论已经得到了很多关注，并已经在诸如风险项目投资、合作伙伴选择、绩效评价以及医疗诊断等多个领域获得了成功的应用[8,9]。自从 20 世纪 80 年代以来，很多学者将模糊理论与灰关联分析、逼近理想解偏好评估法（TOPSIS）和层次分析法（AHP）等经典的多属性决策方法相结合，提出并发展了一系列的模糊多属性决策方法，且将这些方法成功应用于诸如工业设计与发展领域（机器控制、晶片设计、影像与信号处理）、管理领域（企业的绩效管理、财务分析与产品发展、绩效评估、供应商选择、信息系统评选）和军事领域（武器系统评估、作战方案选择、空袭目标识别）等[10~12]。

在模糊集理论的应用中，人们发现还存在一些情形，利用 Zadeh 的模糊集不能很好地刻画。为此一些新的拓展的模糊集被相继提出，如直觉模糊集[13]、犹豫模糊集[14]、中智模糊集[15]和毕达哥拉斯模糊[16]等。例如，在某些决策问题中，由于专业知识的受限以及时间、精力的不足，决策者在进行决策时会存在不同程度的犹豫，导致评价结果表现为肯定、否定以及介于肯定与否定之间的“非此非彼”的犹豫三种情形。Zadeh 的模糊集只包含一个隶属度，故只能反映是与否两方面的信息，对此类情形难以较好地刻画。为解决此问题，1986 年，Atanassov 对 Zadeh 的模糊集理论进行了扩充和发展，提出了直觉模糊集（intuitionistic fuzzy set，IFS）的概念[13]。直觉模糊集与 Zadeh 的模糊集相比，至少有如下两点优势：（1）直觉模糊数作为直觉模糊集的核心元素，它通过增加一个非隶属度参数，能够很好地描述决策者对其所做判断的犹豫性和不确定性。它同时考虑了隶属度、非隶属度和犹豫度三方面的信息，可描述非此非彼的模糊概念，进而能够更加细腻地刻画客观事物的模糊本质[17~19]；（2）直觉模糊集在合成计算方面的精度比模糊集得到了显著的改善，推理规则的符合度也得到了显著的提高[20]。Atanassov 和 Gargov 在 1989 年对直觉模糊集进行进一步拓展，通过借用区间数来刻画隶属度和非隶属度，提出了区间直觉模糊集（iterval-valued intuitionistic fuzzy set，IvIFS）的概念[21]，这样可以较好地刻画当隶属度和非隶属度很难用精确数表示的情形，并规定了相应的运算法则。由于直觉模糊集和区间直觉模糊集在处理模糊性和不确定性等方面的灵活性和实用性，近 20 年来其在决策领域得到了很多关注和研究[22~30]。Grzegrorzewski（2003）进一步将直觉模糊集拓展到连续情形的直觉模糊数[31]；在此基础上，Nehi 和 Maleki（2005）定义了参数型直觉梯形模糊数[32]；Shu 等（2006）定义了直觉三角模糊数，并应用于故障树分析[33]；王坚强和张忠（2008）进行了进一步的拓展，定义了直觉梯形模糊数[34]。采用区间数、梯形模糊数或三角模糊数来刻画隶属度和非隶属度，比直觉模糊集更具有吸引人的解释，且较容易被决策者量化和执行，因而在决策科学领域更具有研究的理论价值。

现实中存在大量的模糊决策问题在求解过程中常伴随着决策者的行为因素，例如决策者对方案的偏好行为、决策者对模糊数的认识有时会伴随该决策者的风险态度或者心态因子、决策者的心理行为以及决策者的后悔行为等[35~38]。而决策者的行为因素通常会影响最终的决策结果，因此如何将决策者的行为因素考虑到决策方法中就显得尤为重要。但是，目前大多数多属性决策都是假设人是在完全理性的前提下进行的决策，考虑决策者行为的多属性决策方法虽已经引起了很多学者的关注和研究，但是研究的成果还不够多，研究得也还不够深入。需要针对各种情形的含有决策者行为因素的多属性决策问题进行进一步的分析和研究，构建相应的行为多属性决策模型，提出更加有效和可行的多属性决策方法。这将进一步丰富和发展考虑决策者行为因素的直觉模糊多属性决策理论，对拓展直觉模糊集在决策领域的研究具有积极的学术意义，同时也为丰富模糊多属性决策和群决策的研究内容、发展现代决策科学的理论与方法起到一定的推动作用，为现实中解决含有决策者行为因素的多属性决策问题提供科学的指导和必要的理论支持。

1.2 国内外研究现状和发展趋势分析

近年来，具有直觉模糊信息的多属性决策问题的研究主要从以下几个方面展开：发展基于各类模糊算子的直觉模糊多属性决策法；提出和发展各类信息测度，如距离测度、熵、相似度和相关系数等，并基于这些信息测度发展直觉模糊多属性决策方法；从各个角度提出直觉模糊数排序函数和排序规则，进而发展直觉模糊决策理论；考虑决策者的行为因素的直觉模糊多属性决策研究。下面从以下几个方面阐述直觉模糊决策理论的国内外研究现状。

1.2.1 基于各类算子的直觉模糊多属性决策理论与应用研究

基于算子的多属性决策方法的相关理论和研究成果非常丰富。基于精确数情形的多属性决策问题，国内外学者对数据集成算子进行了研究并提出了各种数据集结算子，如加权平均算子、有序加权平均算子、加权几何算子、有序加权几何算子、广义有序加权平均算子和概率加权信息集结算子等[39]。近年来很多学者发展了基于区间数、三角模糊数、直觉模糊数、区间直觉模糊数、犹豫模糊数等的信息集结算子[40~50]。

基于直觉模糊信息，徐泽水（2007）提出了直觉模糊加权平均（IFWA）、有序加权平均（IFOWA）和混合平均（IFHA）算子[46]；Xu 和 Yager（2006）提出了直觉模糊加权几何（IFGA）、有序加权几何平均（IFOWG）和混合几何（IFHG）算子[47]。其中算子 IFWA 和 IFGA 是考虑了数据自身重要程度而提出的，算子 IFOWA 和 IFOGA 是考虑了数据位置的重要程度而提出的，算子 IFHA 和 IFHG 既考虑了数据自身的重要性又考虑了其所在位置的重要性。文献［51，52］进一步将上述直觉模糊算子推广到了区间直觉模糊数情形。Li 等提出了直觉模糊广义混合加权集结（IFGOWA）算子，此算子在兼具上述算子的优点的同时还通过增加一个新的参数来控制变量值的变化，另外，他们还给出了其在直觉模糊多属性决策中的应用[53~55]。Xu 和 Yager（2011）提出了直觉模糊 Bonferroni 平均（IFBM）算子并将其应用到多属性决策中，该算子的优点是能够考虑到输入变量之间的相互影响[56]。何迎东等（2014）提出了直觉模糊 Power 几何和算术交叉影响平均算子，并将它们应用到求解直觉模糊多属性群决策问题中。这两种算子的优点是能够考虑到不同直觉模糊数的隶属度与非隶属度之间的关联和相互影响[57]。关于直觉模糊信息集结算子的一些最新研究进展可参考文献［58~62］。纵观基于直觉模糊集结算子的多属性决策方法，都离不开直觉模糊数的加法运算，然而直觉模糊加法运算还存在着与实际情形不相符合的情形，因此需要改进直觉模糊运算法则，同时在利用算子进行信息融合时还要考虑算子内在参数的确定，如需要考虑数据的重要程度及所处的位置的权重的确定问题，这方面的研究还有待进一步深入。

1.2.2 基于直觉模糊信息测度的多属性决策理论与应用研究

1.2.2.1 基于距离和相似度的直觉模糊多属性决策理论与应用研究

直觉模糊的距离和相似度作为度量两个直觉模糊集合区分程度的两个重要测

度，得到了很多学者的关注。到现在为止已经有十多种距离和相似度测度被相继提出，并已经被广泛应用到诸如管理决策[63~65]、模式识别[66,67]、医疗诊断[68~70]、图像处理[71~73]和聚类分析[74,75]等领域。

Bustince 和 Burillo（1995）最先探讨了直觉模糊距离测度，并将传统的欧几里德距离（Euclidean distance）和汉明距离（Hamming distance）推广到直觉模糊集情形[76]，由于距离公式中没有考虑犹豫度的影响，在应用时出现了反直觉的特例，于是 Szmidt 和 Kacprzyk（2000）在距离公式的构造中把犹豫度考虑进去，提出了改进的欧几里德距离和汉明距离公式[77]，进一步地，Xu（2007）通过引入一个新的参数，提出了含有参数的广义的直觉模糊集的欧几里德距离和汉明距离公式，并在此基础上发展了直觉模糊多属性决策方法和直觉模糊聚类方法[78]。由于直觉模糊的距离和相似度有如下关系：若 $d(A, B)$ 为两个直觉模糊集 $A = \{\langle x_i, \mu_A(x_i), v_A(x_i)\rangle \mid x_i \in X\}$ 和 $B = \{\langle x_i, \mu_B(x_i), v_B(x_i)\rangle \mid x_i \in X\}$ 的距离，则 $S(A,B) = 1 - d(A, B)$ 为它们的相似度测度，很多文献发展了基于各类距离测度的直觉模糊相似度公式，而关于一些新的距离测度的成果也可以参见与直觉相似度有关的相关文献［79 ~ 84］。Li 和 Cheng（2002）最早定义了直觉模糊相似度，且基于直觉模糊距离测度构造了新的直觉模糊相似度公式，并将它们应用到模式识别领域[85]；Mitchell（2003）指出 Li 和 Cheng 的相似度存在着反直觉的特例，于是从统计学的角度对 Li 和 Cheng 的相似度进行了修正，提出了改进的相似度公式[86]；Hung 和 Yang（2004）在 Hausdorff 距离测度的基础上构造了一类新的直觉模糊相似度公式，并指出该测度也适合度量语言变量之间的相似程度[87]；Hung 和 Yang（2007）在 Lp 距离测度的基础上也构造了一类直觉模糊相似度测度[88]；Ye（2011）基于统计模式识别理论中的相关系数公式构造了直觉模糊相似度公式[89]；Hwang 和 Yang（2013）给出了新的直觉模糊相似度的构造方法，通过与现有相似度中存在的反直觉特例进行分析比较，发现可以很好地改进大部分相似度测度的区分能力[90]；Intarapaiboon（2016）针对目前直觉模糊集相似性度量中存在的一些不合理的结果，通过引入一个必要条件，使直觉模糊集的相似性度量具有更强的定义，并根据概念格的相似性度量的一般思想，提出了一种新的相似性测度。其通过实验发现该测度是合理的，且在分类问题上取得了满意的效果[91]。Garg 和 Kumar（2018）利用集对分析的理论，构造了基于联系数的直觉模糊相似度并据此发展了一类多属性决策方法[92]；Jaccard 指数是用来比较样本集的相似性和多样性的一个重要的统计量，Hwang 等（2018）将 Jaccard 指数加入到一类新的直觉模糊相似度的构造中，并通过实例分析比较发现基于 Jaccard 指数的 I 相似性测度具有很好的性质，且在分类中具有较好的去分析性[93]。更多关于直觉模糊距离和相似度的研究见文献［94 ~ 100］。

如何构造更加合理的距离和相似度测度，消除前人构造的此类测度中出现的反直觉的特例也是一项有意义的工作，同时将它们应用到直觉模糊决策问题的求解中也可以减少由于直觉模糊运算法则的一些缺憾而导致决策结果信服力的缺乏。此外，对于多个决策者的群决策问题，由于决策者对决策问题的熟悉程度以及决策者个人的专业知识、能力水平和时间等多方面因素的影响，需要给每个决策者确定一个决策权重，而我们可以借助距离或相似度，通过构造优化模型客观地确定决策者的权重，进而丰富直觉模糊多属性群决策方法的研究。

1.2.2.2 基于熵测度的直觉模糊多属性决策理论与应用研究

熵是一种可以度量信息不确定的信息测量手段，关于熵测度的研究和应用已经从精确数情形发展到了模糊集、粗糙集等[101~108]。由于在多属性决策研究中，属性权重的确定是一个重要的研究热点，而熵测度不但可以在属性权重信息完全未知情形下由熵权法求解权重，而且在属性权重信息部分已知情形下，也可以构造最优化模型求解属性的权重，因而在多属性决策的研究中，对于熵测度的构造和应用研究也一直为众多学者所关注和研究[109~112]。模糊熵的概念最先由 Zadeh 于 1968 年提出[113]，且将其引入到模糊事件，后经 Luca 和 Termini（1972）进行发展并给出了模糊熵的定义，并构造了一类对数模糊熵[114]。作为 Zadeh 模糊集的拓展的直觉模糊集有隶属度和非隶属度两个参数，其模糊程度的刻画需要建立至少考虑隶属度与非隶属度两方面，这就需要对原有模糊熵的测度进行改进或构造新的直觉模糊熵的公式。Szmidt 等（2001）最先将熵的概念引入到直觉模糊集理论中，并且根据他们给出的定义构造出了一类直觉模糊熵[115]。Zhang 和 Jiang（2008）在文献 Luca 和 Termini（1972）定义的对数模糊熵[114]的基础上构造了对数直觉模糊熵[116]；Ye（2010）根据正弦函数和余弦函数的特点，分别构造了基于这两类函数的直觉模糊熵公式，并发展了基于模糊熵的多属性决策方法[117]；在指数模糊熵[118]的基础上，Verma 和 Sharma（2013）构造了指数直觉模糊熵[119]。虽然直觉模糊集通常只写为 $A=\{\langle x,\mu_A(x),v_A(x)\rangle \mid x\in X\}$，但由于 $0\leqslant \mu_A(x)+v_A(x)\leqslant 1$，因而实际上还有一个犹豫度参数 $\pi_A(x)=1-\mu_A(x)-v_A(x)$，正因为有犹豫度参数的存在才使得直觉模糊集可以较好地刻画决策过程中存在决策者犹豫不决和模棱两可的判断的情形。因此直觉模糊集的模糊程度实际上应该包含如下两个方面[120~123]：不确定度和未知度，其中不确定度由隶属度和非隶属度参数刻画，未知度由犹豫度刻画。上述文献定义的直觉模糊熵在隶属度和非隶属度的偏差相等时，不能进一步判断，存在较多的反直觉的例子，原因就在于只考虑了不确定度而未考虑未知度。为克服以上缺憾，文献［124，125］在构造熵测度时将犹豫度考虑进去，分别基于余切函数和余弦函数定义了两类新的直觉模糊熵，并通过算例验证了新提出的熵测度与之前的熵测度更合理。但我们发现若 $A_1=\langle 0.2,0.6\rangle$，$A_2=\langle 0.13,0.565\rangle$，在直观上，我们知道 A_2 的模糊性比 A_1

的模糊性大，但是用文献［124，125］所定义的熵测度计算发现它们的熵值相等，这与我们的直觉不符。因此有必要构造更加合理的直觉模糊熵公式[126]。对于区间直觉模糊集的熵也存在着类似的问题。文献［127～129］研究了区间直觉模糊集的模糊熵，但是 Chen 等（2013）指出前述文献构造的熵测度还是会出现反直觉的例子，其构造了一类新的直觉模糊熵公式，并将其应用到求解在线 P2P 评估问题[130]；Zhang 等（2014）提出了基于距离测度的区间直觉模糊熵测度，并研究了其与相似度和包含度之间的关系[131]。但是目前关于区间直觉模糊熵的研究还很少，有必要进一步深入研究。此外，由于可以借助熵测度客观地确定属性权重，因此构造合理有效的直觉模糊熵测度，一方面可以丰富和发展诸如模式识别、图像处理、医疗诊断领域的理论研究；另一方面基于熵测度的直觉模糊多属性决策法的提出也将完善直觉模糊多属性决策法的理论研究，并可为管理者在处理决策问题时提供参考。

1.2.3 基于排序函数的直觉模糊多属性决策研究和应用

排序问题的研究是模糊多属性决策理论中一个重要的研究热点。针对直觉模糊数的排序问题研究，和模糊数的排序一样，虽然很多学者从不同的角度出发提出排序函数，但是现有的排序函数还存在着一些反直觉特例，有必要进一步深入研究。设 $A=\langle \mu, v\rangle$ 为一直觉模糊数，Chen 和 Tan（1994）定义了直觉模糊数的得分函数 $S(A)=\mu-v$，并规定了相应的排序规则[132]。当两直觉模糊数的得分函数值相等时，得分函数排序方法失效。鉴于此，Hong 和 Choi（2000）定义了直觉模糊数的精确度函数 $H(A)=\mu+v$[133]。Xu 和 Yager（2006）在综合得分函数和精确度函数的基础上给出了直觉模糊数的新的排序方法[47]；Ye（2009）提出了一种新的直觉模糊数的精确度函数并用于直觉模糊多属性决策[134]，但是文献［135］指出 Ye 的排序方法存在不足之处，并证明了 Ye 的精确度函数与前述文献中的精确度函数在排序结果上是等价的。Wang 等（2012）基于前景理论重新定义了直觉模糊数和区间直觉模糊数的排序函数[136]，不过运算较为复杂。Zhang 和 Xu（2012）基于 TOPSIS 的思想构造了一类直觉模糊数排序函数[137]，并研究了其性质且将新的排序函数应用到求解多直觉模糊决策问题。Li 和 Ren（2015）将直觉模糊数的可靠性信息和犹豫度信息加入直觉模糊数的排序函数的构造，提出了一种新的直觉模糊数的排序函数，并发展了基于新的排序函数的直觉模糊多属性决策方法[138]。Lakshmana 等（2016）将上下稠密序列应用于区间数，得到了直觉模糊数的一个全序规则[139]。Xing 等（2017）提出了一种基于欧氏距离的直觉模糊数排序方法[140]。然而，上述直觉模糊数排序方法没有考虑决策者的行为因素，而决策者在决策过程中常伴随着决策者的风险态度，因此构造含有决策者的风险偏好态度的排序方法更加符合客观现实[141,142]。例如，Wan 等

(2016) 利用 TOPSIS 方法的贴近度来表征信息量，提出了一种新的风险态度的直觉模糊排序方法[143]。上述偏好排序方法只关注可行域的极值点，忽略了可行域中的其他可能值，因此，这些排序方法可能会丢失一些有价值的信息，于是针对现有排序方法的不足，Lin 等 (2018) 提出了一种基于偏好态度的直觉模糊数的精度和评分函数的排序偏好方法，并将该方法应用于解决可再生能源选择问题。该排序方法不仅考虑了决策者的偏好态度，而且考虑了可行域中所有可能的值，讨论了偏好态度准确性和得分函数的一些理想性质[144]。对区间直觉模糊数和三角直觉模糊数排序函数也有类似的研究，在此不一一叙述，有兴趣的读者可以参考文献 [145 ~ 149]。

1.2.4 考虑决策者行为因素的直觉模糊多属性决策研究与应用

在多属性决策问题的求解过程中，决策者行为因素，如对模糊数据认知的风险态度、心理行为因素、后悔行为等，都会对决策产生影响，因此有必要在多属性决策方法的研究中考虑决策者的行为因素[150]。从考虑决策者对模糊数认知的风险态度角度，樊治平等 (2011) 提出了一种考虑决策者的风险态度的区间数型多属性决策方法，该方法通过引入决策者的风险态度因子，将区间数映射为精确数，最后结合 TOPSIS 法求解多属性决策问题，并通过调整风险态度因子的取值对方案排序进行灵敏度分析[151]；赵萌等 (2018) 通过引入决策者风险偏好系数，提出了一种考虑决策者风险偏好的区间直觉模糊多属性决策法，并通过求解研发项目选择评估实例说明了方法的合理性和有效性[152]。从考虑决策者的心理行为出发，Kahneman 和 Tversky (1979) 提出了前景理论[153]，该理论能够反映决策者面临损失时的风险偏好，即高估小概率事件面临获得时的厌恶风险偏好、低估发生概率较大事件时面临获得时喜好风险的心理特征；王坚强和周玲 (2009) 提出了一种基于前景理论的针对概率和准则值均为区间灰数的随机多准则决策方法[154]；李鹏等 (2013) 提出了基于 MYCIN 不确定因子和累积前景理论的随机直觉模糊多属性决策法[155]。考虑到决策主体对待收益和损失的不同风险态度，Gomes 等 (1992) 在前景理论的基础上提出了一种交互式多准则决策 (TODIM) 法[156]——通过计算决策主体对方案两两比较的收益和损失的感知价值来求解属性值为精确数情形的多属性决策方法。Fan 等 (2013) 将 TODIM 法应用到属性值为精确数、区间数和三角模糊数的复杂多属性决策问题[157]；Krohling 等 (2013) 提出了属性值为直觉梯形模糊数型多属性决策问题的 TODIM 决策法[158]。在放弃独立性公理前提下，将后悔和欣喜两种心理行为因素纳入到个人决策的风险偏好关系中，Loomes 和 Sugden (1982), Bell (1982) 分别提出了后悔理论[159,160]。由于后悔理论能够很好地解释期望效用理论所不能解释的 Allais 悖论、Ellsberg 悖论、偏好反转现象等异象，近年来已经在决策理论和资产定价等领域得到了很多学者的关注和研究[161,162]。张晓等（2013）将后悔理论引入到属性值和状态概率均为区间数情形的多属性决策问题[163]；刘小弟等（2017）针对属性权重信息完全未知和属性值为犹豫模糊元的随机多属性决策问题，提出了一种基于后悔理论与群体满意度的多准则决策方法[164]。朱轮和马庆功（2007）针对属性值为直觉模糊数的随机多属性决策问题，提出了一种基于后悔理论和证据理论的决策方法并通过对游戏的选择开发实例分析说明了提出的方法的可行性与有效性[165]。从上面的研究可以发现，虽然有文献将决策者的行为因素考虑到决策方法的研究中，但是研究成果还不够多，研究也不够深入，还有很多有待深入研究的地方，例如将前景理论、交互式多准则决策和后悔理论等行为决策理论引入到动态直觉模糊和直觉梯形模糊数的多属性决策模型的研究，以及考虑决策者风险态度的直觉模糊排序函数的构造等。

1.3 本书的主要研究内容

本书的主要研究内容包括：

（1）对直觉模糊多属性决策的研究背景、意义以及研究现状进行了阐述，同时分析了考虑决策者行为因素的多属性决策中尚需要解决和深入研究的一些相关问题。

（2）分别针对直觉模糊集、区间直觉模糊集和直觉梯形模糊数，构造了考虑决策者风险态度的模糊数排序函数，进而基于排序函数发展了属性权重完全未知和属性权重部分已知两种情形下的直觉模糊多属性决策方法。

（3）基于统计学中的卡方距离，提出了直觉模糊集的基于卡方距离的相似度，并评述新构造的与现有直觉模糊相似度的优势，同时利用相似度与距离的关系，得到直觉模糊数的卡方距离公式，进而基于卡方距离提出了基于累积前景理论的直觉模糊多属性决策法；另外还研究了基于前景理论的参数型直觉梯形模糊数和广义直觉梯形模糊数型多属性决策法，并通过算例分析说明方法的有效性和实用性。

（4）基于后悔理论，分别研究了属性值为直觉模糊数、直觉梯形模糊数的多属性决策方法，并通过算例分析说明方法的有效性和实用性。

2 研究的理论基础

由于社会经济环境的复杂性以及人类认识上的不完全性，在现实的管理决策问题中，模糊性大量存在。如某电子元件的寿命介于5~10年，某风险投资项目的预期收益为30万元左右，某类型的翻译笔的翻译准确率在90%左右以及某教师的科研能力较强，等等，这些情形难以用精确数值表示。为有效处理和刻画模糊现象，扎德（L. A. Zadeh）教授于1965年提出了模糊集的概念，并定义了相应的运算法则。自此模糊集被广泛应用到自动控制、模式识别、医疗诊断、管理决策等各个领域。然而，Zadeh的模糊集仅有一个标度（隶属度），只能表示是与否两方面的信息，无法表述既不支持也不反对这种中立的状态。即模糊集只能描述“亦此亦彼”性，无法描述“非此非彼”性。为此，阿塔那索吾（K. T. Atanassov）教授于1986年提出了直觉模糊集（intuitionistic fuzzy set）的概念，直觉模糊集是Zadeh的模糊集的拓展，它通过增加一个非隶属度参数，可以同时刻画三种状态：支持、反对以及“非此非彼”的中立状态，因而直觉模糊集能够更加全面、细腻地刻画客观事物的模糊本质。Gau和Buehrer于1993年提出了Vague集的概念[166]，Burillo和Bustince（1996）指出Vague与直觉模糊集是相同的[167]，但是由于表达形式的不同，在描述模糊性时各有优劣。由于客观事物的复杂性和不确定性以及决策者的知识的局限性，隶属度和非隶属度有时很难用精确数表示，而区间数可以很好地刻画此类情形，为此Atanassov和Gargov于1989年对直觉模糊集进行了拓展，提出了区间直觉模糊集的概念。Grzegrorzewski（2003）将直觉模糊集延伸到连续情形的直觉模糊数，在此基础上，Nehi和Maleki（2005）提出参数型直觉梯形模糊数，以及参数型直觉梯形模糊数的运算法则，引起了学术界的广泛关注。Shu等于2006年定义了直觉三角模糊数，并应用于故障树分析；在此基础上，王坚强（2008）进行了进一步的拓展，定义了直觉梯形模糊数。采用三角模糊数或梯形模糊数来刻画隶属度和非隶属度，比直觉模糊数更具解释力，且较易量化和执行，因而在决策领域更具有研究的理论价值。

本章主要介绍有关直觉模糊集以及拓展的直觉模糊集合的一些概念、运算法则以及距离、熵和相似度等与本书研究有关的部分理论知识。

2.1 直觉模糊集

模糊集最早由Zadeh教授提出，其定义如下：

定义2.1 给定非空集合X，称$A=\{\langle x,\mu_A(x)\rangle \mid x\in X\}$为模糊集，这里

μ_A: $X \to [0, 1]$ 表示模糊集的隶属函数，其中 $\mu_A(x)$ 称为元素 $x \in X$ 的隶属度。

经典的集合是 Zadeh 的模糊集的特例。即当对所有的 $x \in X$，$\mu_A(x) = 0$ 或 1 时，此时的模糊集 A 为经典集合。不难看出，模糊集 A 的隶属度 $\mu_A(x) \in [0, 1]$ 在包含支持 x 的证据的同时，也能够刻画反对 x 的证据，因此相比精确数而言，模糊集更能反映客观实际情形，因而模糊集自被提出以来，已经在各行各业，如工业控制、图像处理、管理科学以及军事工程等诸多领域得到了成功的应用。但是，在实际的决策过程中，我们还会发现有时候由于决策者的时间、精力或是知识的局限性等原因，在给某个评估属性打分时会出现犹豫不决的情形，而对于这种“非此非彼”的中立状态模糊集难以很好地刻画。例如在投票选举模型中，10 个选民对候选人 x 的投票结果为：赞成票比例为 $7/10 = 0.7$，反对票比例为 $2/10 = 0.2$，弃权或无效票比例为 $1/10 = 0.1$。此类问题包含了三种情形：支持、反对和中立。而模糊集的单一隶属度只能刻画支持和反对两种情形，此例说明模糊集还存在着不足之处。鉴于此，很多学者从不同角度对模糊集进行了拓展，定义了直觉模糊集、区间直觉模糊、犹豫模糊集和语言变量等模糊集的拓展形式。当然我们也常称这些拓展的模糊集合为模糊集，而为了更好地区分，有学者在论文中会将经典的模糊集称为 Zadeh 模糊集。

阿塔那索吾（K. T. Atanassov）教授于 1986 年最先提出了直觉模糊集的概念，其定义如下。

定义 2.2　设 X 为一给定的论域，则称

$$A = \{\langle x_i, \mu_A(x_i), v_A(x_i)\rangle \mid x_i \in X\}$$

为 X 上的一个直觉模糊集。其中 μ_A: $X \mapsto [0, 1]$ 和 v_A: $X \mapsto [0, 1]$ 分别为 A 的隶属度和非隶属度函数，且对于任意的 $x_i \in X$，有 $0 \leqslant \mu_A(x_i) + v_A(x_i) \leqslant 1$ 成立。

进一步，称 $\pi_A(x_i) = 1 - \mu_A(x_i) - v_A(x_i)$ 为直觉模糊集 A 中元素 x_i 的直觉模糊指标或犹豫度。为方便起见，若 X 中只有一个元素时，称 A 为直觉模糊数，并简记 $A = (\mu_A, v_A)$ 或 $A = \langle \mu_A, v_A \rangle$。

下面用直觉模糊集刻画投票模型。上面的投票模型可以用直觉模糊集 $A = \langle x, 0.7, 0.2\rangle$ 来刻画，这里的 $\mu_A(x) = 0.7$ 表示支持程度（隶属度），$v_A(x) = 0.2$ 表示反对程度（非隶属度），$\pi_A(x) = 0.1$ 表示中立程度（犹豫程度）。由此可见直觉模糊集可以很好地刻画“弃权”这种非此非彼的中立状态的模糊性或不确定性。

下面我们来回顾一下直觉模糊集的运算法则。

定义 2.3　设 $A = \{\langle x_i, \mu_A(x_i), v_A(x_i)\rangle \mid x_i \in X\}$ 和 $B = \{\langle x_i, \mu_B(x_i), v_B(x_i)\rangle \mid x_i \in X\}$ 为两个任意的直觉模糊集，则：

（1）$A \subseteq B$，称 A 是 B 的子集，当且仅当 $\mu_A(x_i) \leqslant \mu_B(x_i), v_A(x_i) \geqslant v_B(x_i)$，$\forall x_i \in X$。

（2）$A = B$，称 A 与 B 相等，当且仅当 $A \subseteq B$ 和 $B \subseteq A$。

(3) A 的补集 A^C 定义为：$A^C=\{\langle x_i, v_A(x_i), \mu_A(x_i)\rangle \mid x_i\in X\}$。

(4) $A^n=\{\langle x_i, [\mu_A(x_i)]^n, 1-[1-v_A(x_i)]^n\rangle \mid x_i\in X\}$；

(5) $A\leq B$ 当且仅当对于 $\forall x_i\in X$，

当 $\mu_B(x_i)\leqslant v_B(x_i)$ 时，有 $\mu_A(x_i)\leqslant\mu_B(x_i), v_A(x_i)\geqslant v_B(x_i)$；

当 $\mu_B(x_i)\geqslant v_B(x_i)$ 时，有 $\mu_A(x_i)\geqslant\mu_B(x_i), v_A(x_i)\leqslant v_B(x_i)$。

截集是模糊集的一个重要的概念，对于直觉模糊集而言，其截集是它与普通的集合建立联系的桥梁。

定义 2.4[168] 设 X 为一给定的论域，$A=\{\langle x, \mu_A(x), v_A(x)\rangle \mid x\in X\}$ 为定义在论域 X 上的一个直觉模糊集。则 A 的截集有三种类型，分别为 (α,β)-截集，α-截集和 β-截集，它们分别定义为

$$\tilde{A}_{\alpha,\beta}=\{x\mid \mu_{\tilde{A}}(x)\geqslant\alpha, v_{\tilde{A}}(x)\leqslant\beta\}$$

$$\tilde{A}_{\alpha}=\{x\mid \mu_{\tilde{A}}(x)\geqslant\alpha\}$$

和

$$\tilde{A}_{\beta}=\{x\mid v_{\tilde{A}}(x)\leqslant\beta\}$$

其中，$0\leqslant\alpha\leqslant\mu_{\tilde{A}}, v_{\tilde{A}}\leqslant\beta\leqslant1, 0\leqslant\alpha+\beta\leqslant1$。

距离测度是度量两个目标之间差异程度的一个重要的度量工具。对于直觉模糊集，距离也是非常重要的一类信息测度，它在直觉模糊聚类、直觉模糊图像处理以及直觉模糊决策理论研究中都有非常重要的作用。Szmidt 和 Kacprzyk (2000) 给出了直觉模糊集的距离测度公式[169]，见定义 2.5。

定义 2.5[169] 给定两个任意的直觉模糊集 $A=\{\langle x_i, \mu_A(x_i), v_A(x_i)\rangle \mid x_i\in X\}$ 和 $B=\{\langle x_i, \mu_B(x_i), v_B(x_i)\rangle \mid x_i\in X\}$，有：

(1) A 与 B 的汉明 (Hamming) 距离定义为

$$d(A,B)=\frac{1}{2n}\sum_{i=1}^{n}(|\mu_A(x_i)-\mu_B(x_i)|+|v_A(x_i)-v_B(x_i)|+|\pi_A(x_i)-\pi_B(x_i)|) \tag{2.1}$$

(2) A 与 B 的欧几里德 (Euclid) 距离定义为

$$d(A,B)=\sqrt{\frac{1}{2n}\sum_{i=1}^{n}[(\mu_A(x_i)-\mu_B(x_i))^2 w_i+(v_A(x_i)-v_B(x_i))^2+(\pi_A(x_i)-\pi_B(x_i))^2]} \tag{2.2}$$

由于在多属性决策中，属性的权重通常是不同的，为此需要定义包含元素的不同权重系数的直觉模糊集的距离测度。设元素 x_i 的权重为 w_i，Xu 和 Chen (2008) 给出了直觉模糊集的加权距离公式 (2.3) 和 (2.4)：

(3) A 与 B 的汉明 (Hamming) 距离定义为[170]

$$d(A,B)=\frac{1}{2}\sum_{i=1}^{n}w_i(|\mu_A(x_i)-\mu_B(x_i)|+|v_A(x_i)-v_B(x_i)|+|\pi_A(x_i)-\pi_B(x_i)|) \tag{2.3}$$

（4）A 与 B 的欧几里德（Euclid）距离定义为[170]

$$d(A,B)=\sqrt{\frac{1}{2}\sum_{i=1}^{n}w_i[(\mu_A(x_i)-\mu_B(x_i))^2w_i+(v_A(x_i)-v_B(x_i))^2+(\pi_A(x_i)-\pi_B(x_i))^2]}\tag{2.4}$$

定义 2.6[115]　记 $IFSs(X)$ 为定义在论域 X 上的全体直觉模糊集，称映射 E：$IFSs(X)\to[0,1]$ 为直觉模糊熵，若其满足如下条件：

（1）$E(A)=0$，当且仅当 A 为经典集；

（2）$E(A)=1$，当且仅当 $\mu_A(x_i)=v_A(x_i),\forall x_i\in X$；

（3）$E(A)=E(A^C)$；

（4）若 $A\leq B$，则有 $E(A)\leqslant E(B)$。

定义 2.7[85]　设 A 和 B 是两个任意的直觉模糊集，映射 $S:IFSs(X)\times IFSs(X)\to[0,1]$ 为定义在区间 $[0,1]$ 上的一个实值函数，称 $S(A,B)$ 为直觉模糊集 A 和 B 的相似度，若其满足如下五个条件：

（1）$0\leqslant S(A,B)\leqslant 1$；

（2）当 $A=B$ 时，$S(A,B)=1$；

（3）$S(A,B)=S(B,A)$；

（4）若 $A\subseteq B\subseteq C$，则有 $S(A,C)\leqslant\min\{S(A,B),S(B,C)\}$；

（5）当 A 为经典集合时，$S(A,A^C)=0$。

上面关于直觉相似度的定义，最先由 Li 和 Cheng[85]提出，后经 Mitchell[86]发展为定义 2.7 的形式。

直觉模糊集的距离和相似度作为度量两直觉模糊集关系密切程度的度量工具，由距离和相似度的定义很容易证明它们之间存在着如下关系。

定理 2.1　设 A 和 B 为两个任意的直觉模糊集，则若 $d(A,B)$ 表示 A 和 B 的距离，则 $S(A,B)=1-d(A,B)$ 为 A 和 B 的相似度；类似地，若 $S(A,B)$ 为 A 和 B 的相似度，则 $d(A,B)=1-S(A,B)$ 为 A 和 B 的距离。

多属性决策问题的求解中，如何将各个备选方案的属性评价信息、决策者的偏好信息等进行集结一直是管理决策研究的一个重要的研究方向；同样如何集结直觉模糊信息也是直觉模糊多属性决策中的重要研究内容。利用算子进行信息集结是一种比较简单易行的信息集结方法。信息集结（聚合）的算子有很多，如线性加权平均算子、几何加权平均算子等。

Yager 教授于 1988 年推广了线性加权平均算子，提出了有序加权平均（ordered weighted averaging，简记 OWA）算子，极大地推动了信息集结算子的研究。现在，有序加权集结算子已经被广泛应用到各类多属性决策问题的求解。在 OWA 算子的基础上，Yager 教授在 2004 年提出了广义有序加权集结（generalized ordered weighted averaging，简记 GOWA）算子，该算子通过增加 1 个新参数来控制变量值的变化程度。更多关于直觉模糊集决策环境中的算子拓展形式，如直觉模糊集加权集结算子、直觉模糊集有序加权集结算子、直觉模糊集广义有序加权集结算子等参见李登峰2012年的专著《直觉模糊集决策与对策分析方法》。本小节仅介绍直觉模糊集加权集结算子。

定义2.8 设$A_j=\langle\mu_j,v_j\rangle(j=1,2,\cdots,n)$是$n$个任意的直觉模糊数。记所有这样的直觉模糊数组成的集合为IFN。$\boldsymbol{w}=(w_1,w_2,\cdots,w_n)^{\mathrm{T}}$是$A_j=\langle\mu_j,v_j\rangle(j=1,2,\cdots,n)$的权重向量，且满足$w_j\in[0,1](j=1,2,\cdots,n)$和$\sum_{j=1}^{n}w_j=1$。若映射$f_w^A$：$\mathrm{IFN}^n\to\mathrm{IFN}$使得

$$f_w^A(A_1,A_2,\cdots,A_n)=\sum_{j=1}^{n}w_jA_j \tag{2.5}$$

则称f_w^A为直觉模糊集加权集结算子。

特别地，若$\boldsymbol{w}=(1/n,1/n,\cdots,1/n)^{\mathrm{T}}$，则式（2.5）可写成

$$f_w^A(A_1,A_2,\cdots,A_n)=\frac{1}{n}\sum_{j=1}^{n}A_j$$

称此时的f_w^A为直觉模糊集算数平均算子，简记为f^A。

算子$f_w^A(A_1,A_2,\cdots,A_n)$的特点是对每一个直觉模糊数先加权后集结。由直觉模糊集的定义与运算性质，易证定理2.2（参见李登峰（2012））。

定理2.2 设$A_j=\langle\mu_j,v_j\rangle(j=1,2,\cdots,n)$是$n$个任意的直觉模糊数，则在直觉模糊集加权集结算子下运算得到的结果仍然为直觉模糊数，且有

$$f_w^A(A_1,A_2,\cdots,A_n)=\left\langle 1-\prod_{j=1}^{n}(1-\mu_j)^{w_j},\prod_{j=1}^{n}v_j^{w_j}\right\rangle \tag{2.6}$$

例2.1 设$A_1=\langle 0.4,0.1\rangle$，$A_2=\langle 0.3,0.4\rangle$，$A_3=\langle 0.6,0.5\rangle$和$A_4=\langle 0.4,0.2\rangle$表示4位专家评价某个方案的直觉模糊数，$\boldsymbol{w}=(0.1,0.3,0.2,0.4)^{\mathrm{T}}$为4位专家的权重向量。试用直觉模糊算术平均算子$f_w^A$计算专家组对该决策方案的综合评价结果。

解 根据定理2.2，利用直觉模糊算术平均算子f_w^A得到的4位专家对该决策方案的综合评价结果为

$$\begin{aligned}f_w^A(A_1,A_2,\cdots,A_n)&=\left\langle 1-\prod_{j=1}^{n}(1-\mu_j)^{w_j},\prod_{j=1}^{n}v_j^{w_j}\right\rangle\\&=\langle 1-(1-0.4)^{0.1}\times(1-0.3)^{0.3}\times(1-0.6)^{0.2}\times\\&\quad(1-0.4)^{0.4},0.1^{0.1}\times 0.4^{0.3}\times 0.5^{0.2}\times 0.2^{0.4}\rangle\\&=\langle 0.4205,0.2759\rangle\end{aligned}$$

集结结果表示4位专家对该决策方案的满意度为0.4205，不满意度为0.2759，而犹豫度为0.3035。

2.2 区间直觉模糊集

伴随着多变的社会政治经济环境以及复杂的决策问题，在有些时候，决策者的时间、精力或知识的局限性，导致在对某些属性进行给定评估值时，采用精确数表示的隶属度和非隶属度较难给出准确的描述，而区间数可以较好地弥补这一不足之处，为此，在 1989 年，保加利亚两位学者 Atanassov 和 Gargov 对直觉模糊集进一步拓展，提出了如下的区间直觉模糊集的概念。

定义 2.9 设 $Z=\{z_1, z_2, \cdots, z_m\}$ 为一给定的有限论域，称如下集合

$$\tilde{U}=\{\langle z_j,\tilde{\mu}_{\tilde{U}}(z_j),\tilde{v}_{\tilde{U}}(z_j)\rangle \mid z_j\in Z\} \tag{2.7}$$

为区间直觉模糊集，若其隶属度和非隶属度都可以表示成区间数的形式，即 $\tilde{\mu}_{\tilde{U}}(z_j)=[\mu_{\tilde{U}}^-(z_j),\mu_{\tilde{U}}^+(z_j)]$ 和 $\tilde{v}_{\tilde{U}}(z_j)=[v_{\tilde{U}}^-(z_j),v_{\tilde{U}}^+(z_j)]$。为方便表述，常称 $\tilde{U}$ 中的每一个元素 $\langle z_j,\tilde{\mu}_{\tilde{U}}(z_j),\tilde{v}_{\tilde{U}}(z_j)\rangle$ 为区间直觉模糊数或区间直觉模糊值，并简记为 $\langle\tilde{\mu}_{\tilde{U}}(z_j),\tilde{v}_{\tilde{U}}(z_j)\rangle$ 或 $(\tilde{\mu}_{\tilde{U}}(z_j),\tilde{v}_{\tilde{U}}(z_j))$，且其相应的犹豫度定义为 $\tilde{\pi}_{\tilde{U}}(z_j)=[\pi_{\tilde{U}}^-(z_j),\pi_{\tilde{U}}^+(z_j)]$，其中 $\pi_{\tilde{U}}^-(z_j)=1-\mu_{\tilde{U}}^+(z_j)-v_{\tilde{U}}^+(z_j)$ 和 $\pi_{\tilde{U}}^+(z_j)=1-\mu_{\tilde{U}}^-(z_j)-v_{\tilde{U}}^-(z_j)$。又常将区间直觉模糊数 $\tilde{A}=\langle z_j,\tilde{\mu}_{\tilde{U}}(z_j),\tilde{v}_{\tilde{U}}(z_j)\rangle$ 记为 $\tilde{A}=\langle\tilde{\mu}_{\tilde{A}},\tilde{v}_{\tilde{A}}\rangle$ 或 $\tilde{A}=\langle\tilde{\mu}_{\tilde{A}},\tilde{v}_{\tilde{A}},\tilde{\pi}_{\tilde{A}}\rangle$，其中

$$\tilde{\mu}_{\tilde{A}}=[\mu_{\tilde{A}}^-,\mu_{\tilde{A}}^+]\subset[0,1],\tilde{v}_{\tilde{A}}=[v_{\tilde{A}}^-,v_{\tilde{A}}^+]\subset[0,1],\mu_{\tilde{A}}^+ +\tilde{v}_{\tilde{A}}^+\leqslant 1 \tag{2.8}$$

$$\tilde{\pi}_{\tilde{A}}=[\pi_{\tilde{A}}^-,\pi_{\tilde{A}}^+]\subset[0,1],\pi_{\tilde{A}}^-=1-\mu_{\tilde{A}}^+-\tilde{v}_{\tilde{A}}^+,\pi_{\tilde{A}}^+=1-\mu_{\tilde{A}}^--\tilde{v}_{\tilde{A}}^- \tag{2.9}$$

区间直觉模糊数 $\tilde{A}=\langle\tilde{\mu}_{\tilde{A}}, \tilde{v}_{\tilde{A}}\rangle$ 的补集 $\tilde{A}^C$ 定义为 $\tilde{A}^C=\langle\tilde{v}_{\tilde{A}}, \tilde{\mu}_{\tilde{A}}\rangle$。

定义 2.10 给定两个任意的区间直觉模糊数 $\tilde{A}_i=\langle\tilde{\mu}_{\tilde{A}_i},\tilde{v}_{\tilde{A}_i}\rangle(i=1, 2)$，则它们的大小关系规定如下：

（1）当 $\mu_{\tilde{A}_1}^-\leqslant\mu_{\tilde{A}_2}^-$，$\mu_{\tilde{A}_1}^+\leqslant\mu_{\tilde{A}_2}^+$ 和 $v_{\tilde{A}_1}^-\geqslant v_{\tilde{A}_2}^-$，$v_{\tilde{A}_1}^+\geqslant v_{\tilde{A}_2}^+$ 时，$\tilde{A}_1$ 不大于 $\tilde{A}_2$，记为 $\tilde{A}_1\leqslant\tilde{A}_2$；

（2）当 $\tilde{A}_1\leqslant\tilde{A}_2$ 和 $\tilde{A}_1\geqslant\tilde{A}_2$ 时，$\tilde{A}_1$ 等于 $\tilde{A}_2$，记为 $\tilde{A}_1=\tilde{A}_2$。

从定义 2.9 知，$\tilde{A}^*=\langle[1, 1], [0, 0]\rangle$ 为最大的区间直觉模糊数；$\tilde{A}^-=\langle[0, 0], [1, 1]\rangle$ 为最小的区间直觉模糊数。

定义 2.11 设 $\tilde{A}=\{\langle x_i,\tilde{\mu}_{\tilde{A}}(x_i),\tilde{v}_{\tilde{A}}(x_i)\rangle \mid x_i\in X\}$ 和 $\tilde{B}=\{\langle x_i,\tilde{\mu}_{\tilde{B}}(x_i),\tilde{v}_{\tilde{B}}(x_i)\rangle \mid x_i\in X\}$ 为两个区间直觉模糊集，则运算法则如下：

（1）包含关系 $\tilde{A}\subseteq\tilde{B}$，当且仅当对 $\forall x_i\in X$，有 $\mu_{\tilde{A}_1}^-\leqslant\mu_{\tilde{A}_2}^-$，$\mu_{\tilde{A}_1}^+\leqslant\mu_{\tilde{A}_2}^+$ 和 $v_{\tilde{A}_1}^-\geqslant v_{\tilde{A}_2}^-$，$v_{\tilde{A}_1}^+\geqslant v_{\tilde{A}_2}^+$；

（2）相等关系 $\tilde{A}=\tilde{B}$，当且仅当 $\tilde{A}\subseteq\tilde{B}$ 和 $\tilde{B}\subseteq\tilde{A}$；

（3）交、并和补运算：

$$\tilde{A}\cap\tilde{B}=\{\langle x_i,[\mu_{\tilde{A}}^-(x_i)\wedge\mu_{\tilde{B}}^-(x_i),\mu_{\tilde{A}}^+(x_i)\wedge\mu_{\tilde{B}}^+(x_i)],$$
$$[v_{\tilde{A}}^-(x_i)\vee v_{\tilde{B}}^-(x_i),v_{\tilde{A}}^+(x_i)\vee v_{\tilde{B}}^+(x_i)]\rangle \mid x_i\in X\}$$

$$\tilde{A}\cup\tilde{B}=\{\langle x_i,[\mu_{\tilde{A}}^-(x_i)\vee\mu_{\tilde{B}}^-(x_i),\mu_{\tilde{A}}^+(x_i)\vee\mu_{\tilde{B}}^+(x_i)],$$
$$[v_{\tilde{A}}^-(x_i)\wedge v_{\tilde{B}}^-(x_i),v_{\tilde{A}}^+(x_i)\wedge v_{\tilde{B}}^+(x_i)]\rangle\mid x_i\in X\}$$
$$\tilde{A}^C=\{\langle x_i,\tilde{v}_{\tilde{A}}(x_i),\tilde{\mu}_{\tilde{A}}(x_i)\rangle\mid x_i\in X\};$$

(4) $\tilde{A}\leq\tilde{B}$ 当且仅当对于 $\forall x_i\in X$，

当 $\tilde{\mu}_{\tilde{B}}(x_i)\leqslant\tilde{v}_{\tilde{B}}(x_i)$ 时，有 $\tilde{\mu}_{\tilde{A}}(x_i)\leqslant\tilde{\mu}_{\tilde{B}}(x_i)$，$\tilde{v}_{\tilde{A}}(x_i)\geqslant\tilde{v}_{\tilde{B}}(x_i)$；

当 $\tilde{\mu}_{\tilde{B}}(x_i)\geqslant\tilde{v}_{\tilde{B}}(x_i)$ 时，有 $\tilde{\mu}_{\tilde{A}}(x_i)\geqslant\tilde{\mu}_{\tilde{B}}(x_i)$，$\tilde{v}_{\tilde{A}}(x_i)\leqslant\tilde{v}_{\tilde{B}}(x_i)$。

定义 2.12[171]　设 $\tilde{A}=\{\langle x_i,\tilde{\mu}_{\tilde{A}}(x_i),\tilde{v}_{\tilde{A}}(x_i)\rangle\mid x_i\in X\}$ 和 $\tilde{B}=\{\langle x_i,\tilde{\mu}_{\tilde{B}}(x_i),\tilde{v}_{\tilde{B}}(x_i)\rangle\mid x_i\in X\}$ 为两个任意的区间直觉模糊集，则它们的加权 Hamming 距离定义为：

$$\begin{aligned}d(A,B)=\frac{1}{4n}\sum_{j=1}^{n}[&|\mu_A^-(z_j)-\mu_B^-(z_j)|+|\mu_A^+(z_j)-\mu_B^+(z_j)|+\\&|v_A^-(z_j)-v_B^-(z_j)|+|v_A^+(z_j)-v_B^+(z_j)|+\\&|\pi_A^-(z_j)-\pi_B^-(z_j)|+|\pi_A^+(z_j)-\pi_B^+(z_j)|]\end{aligned}\tag{2.10}$$

记 $IVIFSs(X)$ 为定义在论域 X 上的区间直觉模糊集的全体。

定义 2.13[172]　设 $\tilde{A}=\{\langle x_i,\tilde{\mu}_{\tilde{A}}(x_i),\tilde{v}_{\tilde{A}}(x_i)\rangle\mid x_i\in X\}$ 和 $\tilde{B}=\{\langle x_i,\tilde{\mu}_{\tilde{B}}(x_i),\tilde{v}_{\tilde{B}}(x_i)\rangle\mid x_i\in X\}$ 为两个任意的区间直觉模糊集，称映射 E：$IVIFSs(X)\to[0,\ 1]$ 为区间直觉模糊熵，若其满足如下条件：

(1) $E(\tilde{A})=0$ 当且仅当 $\tilde{A}$ 为经典集；

(2) $E(\tilde{A})=1$ 当且仅当 $\tilde{\mu}_{\tilde{A}}(x_i)=\tilde{v}_{\tilde{A}}(x_i)$，$\forall x_i\in X$；

(3) $E(\tilde{A})=E(\tilde{A}^C)$；

(4) 若 $\tilde{A}\leq\tilde{B}$，则有 $E(\tilde{A})\leqslant E(\tilde{B})$。

下面给出区间直觉集相似度的定义。

定义 2.14　设 A 和 B 是两个任意的区间直觉模糊集，S：$IVIFSs(X)\times IVIFSs(X)\to[0,\ 1]$ 为定义在区间 $[0,\ 1]$ 上的一个实值函数，称 $S(A,\ B)$ 为 A 和 B 的相似度，若其满足如下条件[173,174]：

(1) $0\leqslant S(A,B)\leqslant 1$；

(2) 当 $A=B$ 时，$S(A,B)=1$；

(3) $S(A,B)=S(B,A)$；

(4) 若 $A\subseteq B\subseteq C$，则有 $S(A,C)\leqslant\min\{S(A,B),S(B,C)\}$；

(5) 当 A 为经典集合时，$S(A,A^C)=0$。

2.3　参数型直觉梯形模糊数

Grzegrorzewski 在 2003 年将直觉模糊集进一步延伸到连续情形，提出了参数型直觉模糊数的定义：

定义 2.15（参数型直觉模糊数）　设 a_1，a_2，a_3，a_4，b_1，b_2，b_3，b_4 为任意的实数，且满足 $b_1\leqslant a_1\leqslant b_2\leqslant a_2\leqslant a_3\leqslant b_3\leqslant a_4\leqslant b_4$，称 A 为定义在实数集 **R** 上的一个直觉模糊数，若其隶属度 $\mu_A(x)$ 和非隶属度 $v_A(x)$ 分别定义为：

$$\mu_A(x)=\begin{cases}0, & x<a_1\\ f_A(x), & a_1\leqslant x\leqslant a_2\\ 1, & a_2\leqslant x\leqslant a_3\\ g_A(x), & a_3\leqslant x\leqslant a_4\\ 0, & a_4<x\end{cases}$$

和

$$v_A(x)=\begin{cases}1, & x<b_1\\ h_A(x), & b_1\leqslant x\leqslant b_2\\ 0, & b_2\leqslant x\leqslant b_3\\ k_A(x), & b_3\leqslant x\leqslant b_4\\ 1, & b_4<x\end{cases}$$

其中$0\leqslant\mu_A(x)+v_A(x)\leqslant 1$，且函数$f_A(x)$，$g_A(x)$，$h_A(x)$，$k_A(x)$ 为取值在区间［0，1］上的实值函数。函数 $f_A(x)$ 和 $k_A(x)$ 为单调递增函数。函数 $g_A(x)$ 和 $h_A(x)$ 为单调递减函数。

2005 年，学者 Nehi 在参数型直觉模糊数的基础上，提出了参数型直觉梯形模糊数的概念。

定义 2.16　设实数 $b_1\leqslant a_1\leqslant b_2\leqslant a_2\leqslant a_3\leqslant b_3\leqslant a_4\leqslant b_4\in\mathbf{R}$，则称 $A=\langle(a_1, a_2, a_3, a_4), (b_1, b_2, b_3, b_4)\rangle$ 为实数集 **R** 上的一个参数型直觉梯形模糊数，若其隶属度和非隶属度函数分别定义为：

$$\mu_A(x)=\begin{cases}0, & x<a_1\\ \dfrac{x-a_1}{a_2-a_1}, & a_1\leqslant x\leqslant a_2\\ 1, & a_2\leqslant x\leqslant a_3\\ \dfrac{a_4-x}{a_4-a_3}, & a_3\leqslant x\leqslant a_4\\ 0, & a_4<x\end{cases}$$

和

$$v_A(x)=\begin{cases}1, & x<b_1\\ \dfrac{x-b_1}{b_2-b_1}, & b_1\leqslant x\leqslant b_2\\ 0, & b_2\leqslant x\leqslant b_3\\ \dfrac{b_4-x}{b_4-b_3}, & b_3\leqslant x\leqslant b_4\\ 1, & b_4<x\end{cases}$$

定义 2.17 给定两任意的参数型直觉梯形模糊数 $A_1=\langle(a_{11},a_{12},a_{13},a_{14}),(b_{11},b_{12},b_{13},b_{14})\rangle$ 和 $A_2=\langle(a_{21},a_{22},a_{23},a_{24}),(b_{21},b_{22},b_{23},b_{24})\rangle$，其运算法则规定如下：

(1) $A_1+A_2=\langle(a_{11}+a_{21},a_{12}+a_{22},a_{13}+a_{23},a_{14}+a_{24}),(b_{11}+b_{21},b_{12}+b_{22},b_{13}+b_{23},b_{14}+b_{24})\rangle$

(2) $\lambda A_1=\langle(\lambda a_{11},\lambda a_{12},\lambda a_{13},\lambda a_{14}),(\lambda b_{11},\lambda b_{12},\lambda b_{13},\lambda b_{14})\rangle(\lambda>0)$

α-截集是描述模糊数的一个非常有用的工具，对参数型直觉梯形模糊数 $A=\langle(a_1,a_2,a_3,a_4),(b_1,b_2,b_3,b_4)\rangle$ 可以定义如下两类 α-截集：$(A^+)_\alpha$ 和 $(A^-)_\alpha$。

定义 2.18 设 $A=\langle(a_1,a_2,a_3,a_4),(b_1,b_2,b_3,b_4)\rangle$ 为实数集 **R** 上的一个参数型直觉梯形模糊数，其两类 α-截集 $(A^+)_\alpha$ 和 $(A^-)_\alpha$ 分别定义为

$$(A^+)_\alpha=\{x\in\mathbf{R}\mid\mu_A(x)\geqslant\alpha\}$$
$$(A^-)_\alpha=\{x\in\mathbf{R}\mid 1-v_A(x)\geqslant\alpha\}$$

根据定义 2.18，每一个 α-截集为一个闭区间，记为 $(A^+)_\alpha=[(A_L^+)_\alpha,(A_U^+)_\alpha]$，$(A^-)_\alpha=[(A_L^-)_\alpha,(A_U^-)_\alpha]$，其中

$$(A_L^+)_\alpha=\inf\{x\in\mathbf{R}\mid\mu_A(x)\geqslant\alpha\},$$
$$(A_U^+)_\alpha=\sup\{x\in\mathbf{R}\mid\mu_A(x)\geqslant\alpha\},$$
$$(A_L^-)_\alpha=\inf\{x\in\mathbf{R}\mid 1-v_A(x)\geqslant\alpha\}$$
$$(A_U^-)_\alpha=\sup\{x\in\mathbf{R}\mid 1-v_A(x)\geqslant\alpha\}。$$

对于参数型直觉梯形模糊数 $A=\langle(a_1,a_2,a_3,a_4),(b_1,b_2,b_3,b_4)\rangle$，容易推导其 α-截集 $(A^+)_\alpha$ 和 $(A^-)_\alpha$ 分别为

$$(A^+)_\alpha=[(A_L^+)_\alpha,(A_U^+)_\alpha]=[a_1+(a_2-a_1)\alpha,a_4-(a_4-a_3)\alpha]$$
$$(A^-)_\alpha=[(A_L^-)_\alpha,(A_U^-)_\alpha]=[b_1+(b_2-b_1)(1-\alpha),b_4-(b_4-b_3)(1-\alpha)]$$

2.4 直觉梯形模糊数

Shu 等（2006）定义了直觉三角模糊数，并应用于故障树分析，在此基础上，王坚强（2008）对其进一步拓展，定义了直觉梯形模糊数。Lourenzutti 和 Krohling（2013）提出了广义直觉梯形模糊数的概念。直觉梯形模糊数和广义直觉梯形模糊数兼具有直觉模糊集和梯形模糊数的性质。还要说明的是，由于翻译的不同，有很多文献也把直觉梯形模糊数翻译成直觉梯形模糊数，在本文中我们不去讨论翻译的准确性问题。

定义 2.19 设实数 $b_1\leqslant a_1\leqslant b_2\leqslant a_2\leqslant a_3\leqslant b_3\leqslant a_4\leqslant b_4\in R$，称 $\tilde{A}$ 为实数集 **R** 上的一个广义直觉梯形模糊数（GTIFN），若其隶属度和非隶属度函数分别定义为[176]：

$$\overline{\omega}_{\tilde{A}}(x)=\begin{cases}0, & x<a_1\\ \dfrac{x-a_1}{a_2-a_1}\mu_{\tilde{A}}, & a_1\leqslant x\leqslant a_2\\ \mu_{\tilde{A}}, & a_2\leqslant x\leqslant a_3\\ \dfrac{a_4-x}{a_4-a_3}\mu_{\tilde{A}}, & a_3\leqslant x\leqslant a_4\\ 0, & a_4<x\end{cases}$$

和

$$\sigma_{\tilde{A}}(x)=\begin{cases}0, & x<b_1\\ \dfrac{(1-v_{\tilde{A}})(b_1-x)}{b_2-b_1}+1, & b_1\leqslant x<b_2\\ v_{\tilde{A}}, & b_2\leqslant x<b_3\\ \dfrac{(1-v_{\tilde{A}})(x-b_4)}{b_4-b_3}+1, & b_3\leqslant x\leqslant b_4\\ 1, & b_4<x\end{cases}$$

并将 $\tilde{A}$ 记为 $\tilde{A}=\langle(a_1,a_2,a_3,a_4),\mu_{\tilde{A}},(b_1,b_2,b_3,b_4),v_{\tilde{A}}\rangle$。

特别地，当 $a_i=b_i(i=1,2,3,4)$ 时，广义直觉梯形模糊数 $\tilde{A}=\langle(a_1,a_2,a_3,a_4),\mu_{\tilde{A}},(b_1,b_2,b_3,b_4),v_{\tilde{A}}\rangle$ 为王坚强（2008）提出的直觉梯形模糊数（ITFN），此时 $\tilde{A}$ 又常简记为 $\tilde{A}=\langle(a_1,a_2,a_3,a_4);\mu_{\tilde{A}},v_{\tilde{A}}\rangle$，若无特别说明一般文献中提到的直觉梯形模糊数均是指 $\tilde{A}=\langle(a_1,a_2,a_3,a_4);\mu_{\tilde{A}},v_{\tilde{A}}\rangle$，参见定义 2.20。进一步地，又若当 $a_2=a_3=a$ 时，称 $\tilde{A}$ 为三角直觉模糊数，记为 $\tilde{A}=\langle(\underline{a},a,\overline{a});\mu_{\tilde{A}},v_{\tilde{A}}\rangle$，其中 $\underline{a}=a_1$，$\overline{a}=a_4$。

定义 2.20　给定实数 $a,b,c,d\in R$，称 $\tilde{A}=\langle(a,b,c,d);\mu_{\tilde{A}},v_{\tilde{A}}\rangle$ 是定义在实数集上的一个直觉梯形模糊数，若其隶属函数为

$$\overline{\omega}_{\tilde{A}}(x)=\begin{cases}\dfrac{x-a}{b-a}\mu_{\tilde{A}}, & a\leqslant x<b\\ \mu_{\tilde{A}}, & b\leqslant x\leqslant c\\ \dfrac{d-x}{d-c}\mu_{\tilde{A}}, & c<x\leqslant d\\ 0, & \text{其他}\end{cases}$$

其非隶属函数为

$$\sigma_{\tilde{A}}(x)=\begin{cases}\dfrac{b-x+v_{\tilde{A}}(x-a)}{b-a}, & a\leqslant x<b\\ v_{\tilde{A}}, & b\leqslant x\leqslant c\\ \dfrac{x-c+v_{\tilde{A}}(d-x)}{d-c}, & c<x\leqslant d\\ 1, & \text{其他}\end{cases}$$

其中，$0\leqslant\mu_{\tilde{A}}\leqslant1$，$0\leqslant v_{\tilde{A}}\leqslant1$，$\mu_{\tilde{A}}+v_{\tilde{A}}\leqslant1$，，并称 $\pi_{\tilde{A}}(x)=1-\overline{\omega}_{\tilde{A}}(x)-\sigma_{\tilde{A}}(x)$ 为 $\tilde{A}$ 的犹豫度函数，其值越小说明模糊数越确定。

定义 2.21 对直觉梯形模糊数 $\tilde{A}=\langle(a, b, c, d); \mu_{\tilde{A}}, v_{\tilde{A}}\rangle$，若 $a>0$，则称其为正直觉梯形模糊数。

本书的各类决策问题涉及的直觉梯形模糊数均为正直觉梯形模糊数。

定义 2.22 设 $\tilde{A}_i=\langle(a_i, b_i, c_i, d_i); \mu_i, v_i\rangle(i=1, 2)$ 为两个任意的直觉梯形模糊数，它们的运算规定如下：

(1) $\tilde{A}_1+\tilde{A}_2=\langle(a_1+a_2, b_1+b_2, c_1+c_2, d_1+d_2); \mu_1\wedge\mu_2, v_1\vee v_2\rangle$，其中 $\wedge$，$\vee$ 分别为取小和取大运算符；

(2) $\tilde{A}_1\tilde{A}_2=\langle(a_1a_2, b_1b_2, c_1c_2, d_1d_2); \mu_1\wedge\mu_2, v_1\vee v_2\rangle$；

(3) $\lambda\tilde{A}_1=\begin{cases}\langle(\lambda a_1,\lambda b_1,\lambda c_1,\lambda d_1);\mu_1,v_1\rangle, & 若\ \lambda\geqslant0\\ \langle(\lambda d_1,\lambda c_1,\lambda b_1,\lambda a_1);\mu_1,v_1\rangle, & 若\ \lambda<0\end{cases}$；

(4) $\tilde{A}_1^{\lambda}=\langle(a_1^{\lambda}, b_1^{\lambda}, c_1^{\lambda}, d_1^{\lambda}); \mu_1, v_1\rangle$，$\lambda\geqslant0$。

易证，上述运算法则满足如下一些性质：

(1) $\tilde{A}_1+\tilde{A}_2=\tilde{A}_2+\tilde{A}_1$；

(2) $\tilde{A}_1\tilde{A}_2=\tilde{A}_2\tilde{A}_1$；

(3) $\lambda(\tilde{A}_1+\tilde{A}_2)=\lambda\tilde{A}_1+\lambda\tilde{A}_2$；

(4) $(\tilde{A}_1^{\lambda})^k=\tilde{A}_1^{\lambda k},\tilde{A}_1^{\lambda}\tilde{A}_1^{k}=\tilde{A}_1^{\lambda+k},\lambda,k\geqslant0$；

(5) 若 $\tilde{A}_1$，$\tilde{A}_2$，$\tilde{A}_3$ 为三个任意的直觉梯形模糊数，则有

$$(\tilde{A}_1+\tilde{A}_2)\tilde{A}_3=\tilde{A}_1\tilde{A}_3+\tilde{A}_2\tilde{A}_3$$

$$(\tilde{A}_1\tilde{A}_2)\tilde{A}_3=\tilde{A}_1(\tilde{A}_2\tilde{A}_3)$$

定义 2.23 对直觉梯形模糊数 $\tilde{A}=\langle(a, b, c, d); \mu_{\tilde{A}}, v_{\tilde{A}}\rangle$，分别定义其 (α, β)-截集，α-截集和 β-截集为

$$\tilde{A}_{\alpha,\beta}=\{x\mid\mu_{\tilde{A}}(x)\geqslant\alpha,v_{\tilde{A}}(x)\leqslant\beta\}$$

$$\tilde{A}_{\alpha}=\{x\mid\mu_{\tilde{A}}(x)\geqslant\alpha\}$$

$$\tilde{A}_{\beta}=\{x\mid v_{\tilde{A}}(x)\leqslant\beta\}$$

其中，$0\leqslant\alpha\leqslant\mu_{\tilde{A}}$，$v_{\tilde{A}}\leqslant\beta\leqslant1$，$0\leqslant\alpha+\beta\leqslant1$。

根据直觉梯形模糊数的定义及图 2.1，容易计算得到

$$\tilde{A}_{\alpha}=[\tilde{A}_{\alpha}^{\mathrm{L}},\tilde{A}_{\alpha}^{\mathrm{U}}]=\left[a+\frac{(b-a)\alpha}{\mu_{\tilde{A}}},d-\frac{(d-c)\alpha}{\mu_{\tilde{A}}}\right]$$

$$\tilde{A}_{\beta}=[\tilde{A}_{\beta}^{\mathrm{L}},\tilde{A}_{\beta}^{\mathrm{U}}]=\left[a+\frac{(b-a)(1-\beta)}{1-v_{\tilde{A}}},d-\frac{(d-c)(1-\beta)}{1-v_{\tilde{A}}}\right]$$

以上各节仅简单介绍有关直觉模糊集一些定义、简单运算法则以及一些信息测度，如熵、距离和相似度等概念，在后继各章节用到的一些相关知识将会在各对应章节的讨论中进行补充介绍。

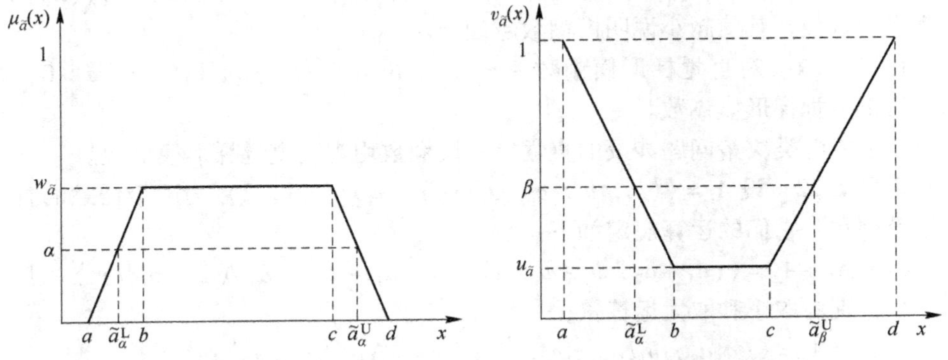

图 2.1　直觉梯形模糊数 $\tilde{A}$ 的 α-截集和 β-截集

3 考虑决策者风险态度的直觉模糊决策研究与应用

多属性决策理论自提出以来就一直受到学术界的广泛关注，其研究和应用已经渗透到经济决策、管理科学、工程及军事学等各个领域的各个方面，如投资方案的评级选择、工厂选址、经济效益的综合评价以及军事装备的性能评定等。由于客观事物的复杂性和不确定性以及人类思维的模糊性，精确数难以很好地刻画模糊性，而区间数、三角模糊数以及直觉模糊数可以较好地刻画这种模糊信息。

在直觉模糊多属性决策问题的研究中常离不开直觉模糊集的比较。直觉模糊数作为直觉模糊集的核心元素，其排序问题的研究吸引了很多学者的关注和研究。Chen 和 Tan（1994）定义了直觉模糊集的得分函数用于直觉模糊集的比较，这种方法计算简单，但是当两个直觉模糊集具有相同的得分函数时，不能给出进一步的判断；Hong 和 Choi（2000）定义了精确度函数，用于刻画直觉模糊集所包含的可靠性信息，Xu 和 Yager（2006）在直觉模糊的得分函数和精确度函数的基础上提出了一个直觉模糊集的排序方法，这种方法计算简单，得到了很多应用。然而该排序方案仍然出现了不符合直觉的特例，为此于是 Li 等[179]、Li 和 Rao[180]分别提出了新的直觉模糊得分函数用于直觉模糊数的比较。Liu 和 Wang[181]在直觉模糊数的点算子的基础上提出了一类新的直觉模糊数排序函数。

由于逼近理想解排序（TOPSIS）方法能够考虑备选方案靠近理想解的同时远离负理想解的程度，因而在多属性型决策中得到了最为广泛的应用[182~185]。受 TOPSIS 思想的启发，Zhang 和 Xu[137]发展了一类新的直觉模糊数排序方法并将其应用到直觉模糊多属性决策问题中。

Szmidt 和 Kacprzyk[186]指出直觉模糊集包含了信息量和可靠性两方面的信息，然而上述排序方案中并没有将其同时考虑到一个排序函数中，并举例说明了原有排序方案会出现与直觉相悖的结论，且在其定义的可靠性和信息量的基础上，发展了新的排序函数。

在实际的决策问题中，由于决策者自身的条件和外部环境的不同，导致他（们）在做决策时常伴随着自己的行为因素。由于决策者的专业背景、对问题的熟悉程度以及时间、精力等方面的限制，决策者对模糊数的认识常伴有风险偏好，进而常会影响决策的最终结果[177,178]。樊治平等（2011）提出了一种考虑决策者的风险态度的区间数型多属性决策方法，该方法通过引入决策者的风险态度因子，将区间数映射为精确数，最后结合 TOPSIS 法求解多属性决策问题，并通过调整风险态度因子的取值对方案排序进行灵敏度分析；赵萌等（2018）通过引入决策者风险偏好系数，提出了一种考虑决策者风险偏好的区间直觉模糊多属性决策法，并通过求解研发项目选择评估实例说明了方法的合理性和有效性。尽管有关直觉梯形模糊数和直觉三角模糊数的排序已经有一些比较方法，如期望值法[187]、可能性-均值方差法[188~190]、加权均值和模糊度排序法[191]以及加权均值面积法[192]，但是由于决策者在决策过程中常会伴随自身的风险态度等行为因素，原有排序函数大多没有考虑这一方面。

本章通过引入风险态度因子，探讨当属性值分别为直觉模糊数、区间直觉模糊数和直觉梯形模糊数情形的多属性决策理论与应用研究。在三类排序函数的基础上分别提出了基于排序函数的直觉模糊多属性决策方法，并分别解决了属性权重完全未知和属性权重信息部分已知情形的属性权重确定问题。

3.1 直觉模糊数排序理论

本节将回顾一下直觉模糊排序相关的背景知识。

设 $Z=\{z_1,z_2,\cdots,z_m\}$ 为论域，在集合 Z 上定义的直觉模糊集 U 表示为

$$U=\{\langle z_j,\mu_U(z_j),v_U(z_j)\rangle \mid z_j\in Z\}$$

其中 $\mu_U(z_j)\in[0,1]$ 和 $v_U(z_j)\in[0,1]$ 元素 $z_j\in Z$ 属于 $U\subseteq Z$ 的隶属度和非隶属度函数，并且满足 $0\leqslant\mu_U(z_j)+v_U(z_j)\leqslant 1$。

令

$$\pi_U(z_j)=1-\mu_U(z_j)-v_U(z_j),$$

则称 $\pi_U(z_j)$ 为元素 z_j 的直觉模糊指标或犹豫度，它作为反映不确定信息的一个很好的工具，能够很好地刻画元素 z_j 属于直觉模糊集合 U 的不确定程度。

当论域 Z 中只有一个元素时，将直觉模糊集简记为 $U=\langle\mu,v\rangle$，同时直觉模糊集 U 中的每一个元素 $\langle z_j,\ \mu_U(z_j),\ v_U(z_j)\rangle$ 又称为直觉模糊数，简记为 $\langle\mu_U(z_j),\ v_U(z_j)\rangle$ 或 $(\mu_U(z_j),\ v_U(z_j))$。

显然，同时具有越大的隶属度和越小的非隶属度的直觉模糊数越大。于是可以定义最大的直觉模糊数 $A^*=\langle 1,\ 0\rangle$ 和最小的直觉模糊数 $A^-=\langle 0,\ 1\rangle$。进一步地，对于两个任意的直觉模糊数 $A_1=\langle\mu_1,v_1\rangle$ 和 $A_2=\langle\mu_2,v_2\rangle$，我们有

（1）当 $\mu_1\geqslant\mu_2$ 和 $v_1\leqslant v_2$ 时，有 $A_1\geqslant A_2$；

（2）当 $\mu_1\leqslant\mu_2$ 和 $v_1\geqslant v_2$ 时，有 $A_1\leqslant A_2$；

（3）当 $\mu_1=\mu_2$ 和 $v_1=v_2$ 时，有 $A_1=A_2$。

但是，当 $\mu_1<\mu_2$ 和 $v_1<v_2$ 时，不能直接给出 A_1 和 A_2 的大小比较。因此关于直觉模糊数的比较问题成为很多学者关注的一个重要研究方向。

设 $A_1=\langle\mu_1,\ v_1\rangle$ 为任意直觉模糊数，Chen 和 Tan（1994）定义了直觉模糊

数 A_1 的得分函数 $S(A_1)=\mu_1-v_1$。Hong 和 Choi（2000）定义了直觉模糊数 A_1 的精确度函数 $H(A_1)=\mu_1+v_1$。

设 A_1 和 A_2 为两个任意的直觉模糊数，Xu 和 Yager（2006）综合得分函数和精确度函数提出了一种直觉模糊数的新的排序方案：

（1）当 $S(A_1)<S(A_2)$ 时，则 A_1 小于 A_2，即 $A_1<A_2$；

（2）当 $S(A_1)=S(A_2)$ 时，有：

1）若 $H(A_1)=H(A_2)$，则 A_1 与 A_2 相等，即 $A_1=A_2$；

2）若 $H(A_1)<H(A_2)$，则 A_1 小于 A_2，即 $A_1<A_2$；

3）若 $H(A_1)>H(A_2)$，则 A_1 大于 A_2，即 $A_1>A_2$。

Xu 和 Yager[175] 在 Hamming 距离的基础上，通过计算 $A=\langle\mu, v\rangle$ 与最大直觉模糊数 $A^*=\langle 1, 0\rangle$ 的距离

$$d(A,A^*)=\frac{1}{2}(|\mu-1|+|v-0|+|\pi-0|)=\frac{1}{2}(1-\mu+v+1-\mu-v)=1-\mu \tag{3.1}$$

给出了一类新的直觉模糊数排序方法。

Szmidt 和 Kacprzyk[193] 给出了两直觉模糊集 B_1 和 B_2 的一类同时考虑两直觉模糊集相似与不相似程度的直觉模糊相似度测度的定义：

$$\vartheta_1(B_1,B_2)=\frac{d(B_1,B_2)}{d(B_1,\bar{B}_2)} \tag{3.2}$$

其中 $\bar{B}_2$ 为直觉模糊集 B_2 的补集，即 $\bar{B}_2=\{\langle z_j,v_{B_2}(z_j),\mu_{B_2}(z_j)\rangle \mid z_j\in Z\}$。

受上述相似度的启发并结合 TOPSIS 法的思想，Xu 和 Yager[194] 发展出一类直觉模糊相似度：

$$\vartheta_2(B_1,B_2)=1-\frac{d(B_1,B_2)}{d(B_1,B_2)+d(B_1,\bar{B}_2)}=\frac{d(B_1,\bar{B}_2)}{d(B_1,B_2)+d(B_1,\bar{B}_2)} \tag{3.3}$$

在相似度（3.3）的基础上 Zhang 和 Xu[137] 提出了一类新的直觉模糊数排序函数，称之为 L 值，函数表达式为：

$$L(A)=1-\frac{d(A,\langle 0,1\rangle)}{d(A,\langle 1,0\rangle)+d(A,\langle 0,1\rangle)}=1-\frac{1-\mu}{2-\mu-v} \tag{3.4}$$

对直觉模糊数 $U=\langle\mu, v\rangle$，Atanassov（1986）指出直觉模糊指标 $\pi_U=1-\mu-v$ 表示对直觉模糊数 U 的未知程度。基于此，Szmidt 和 Kacprzyk[186] 定义了 U 的可靠性信息量 $\mu+v$，即 $1-\pi_U$，且指出很多直觉模糊数排序方法没有考虑直觉模糊数包含的该信息量，并通过例 3.1 说明那些排序方法存在着一些不足，存在着反直觉的特例。

例 3.1 给定两个直觉模糊数 $A=\langle 0.50, 0.45\rangle$ 和 $B=\langle 0.25, 0.05\rangle$。它们的得分函数分别为：$S(A)=0.05$ 和 $S(B)=0.2$。根据 Chen 和 Tan（1994）的得

分函数比较法，有 $A<B$。根据 Zhang 和 Xu 的 L 值排序函数[137]，得 $L(A)=0.5238$ 和 $L(B)=0.5588$，也有 $A<B$。然而直觉模糊数 A 包含的可靠性信息量 $(0.5+0.45=0.95)$ 大于 B 所包含的可靠性信息量 $(0.25+0.05=0.3)$。也就是说，我们很难相信 $A<B$ 这个结果。

3.2 基于风险态度的直觉模糊多属性决策方法

3.2.1 基于风险态度的直觉模糊排序函数

根据 Szmidt 和 Kacprzyk[186] 所定义的直觉模糊数 $\tilde{a}=\langle\mu, v\rangle$ 的信息量 $\mu-v$ 以及可靠性函数 $\mu+v$，同时为克服原有直觉模糊排序方法中存在的一些不足，本节提出一种考虑决策者风险态度的同时考虑直觉模糊集信息量和可靠性信息的直觉模糊数排序函数。首先介绍关于风险态度排序函数的一些相关定义和性质。

定义 3.1 给定区间模糊数 $\tilde{a}=[a^{\mathrm{L}}, a^{\mathrm{U}}]$，记 $n(\tilde{a})=(a^{\mathrm{L}}+a^{\mathrm{U}})/2, e(\tilde{a})=a^{\mathrm{U}}-a^{\mathrm{L}}$，称映射[195]

$$\varphi_{\varepsilon}(\tilde{a})=n(\tilde{a})+\varepsilon e(\tilde{a})=(0.5-\varepsilon)a^{\mathrm{L}}+(0.5+\varepsilon)a^{\mathrm{U}} \tag{3.5}$$

为考虑决策者风险态度的区间映射函数，其中参数 $\varepsilon(|\varepsilon|\leqslant 0.5)$ 称为决策者对区间值 $\tilde{a}$ 的风险态度因子，它表示决策者能够承担风险的态度（或程度）。

定义 3.2 设 $\tilde{a}$ 和 $\tilde{b}$ 为两个任意的区间模糊数，则它们大小关系规定如下[195]：

（1）若对于任意 $\varepsilon\in[-0.5,0.5]$ 均有 $\varphi_{\varepsilon}(\tilde{a})\leqslant\varphi_{\varepsilon}(\tilde{b})$，则称 $\tilde{a}$ 小于 $\tilde{b}$，记作：$\tilde{a}\leqslant\tilde{b}$；

（2）若对于任意的 $\varepsilon\in[-0.5,0.5]$ 均有 $\varphi_{\varepsilon}(\tilde{a})=\varphi_{\varepsilon}(\tilde{b})$，则称 $\tilde{a}$ 等于 $\tilde{b}$，记作：$\tilde{a}=\tilde{b}$；

（3）若对于任意的 $\varepsilon\in[-0.5,r]\subset[-0.5,0.5]$，均有 $\varphi_{\varepsilon}(\tilde{a})\leqslant\varphi_{\varepsilon}(\tilde{b})$，而对于任意的正数 $\varepsilon\in[r,0.5]\subset[-0.5,0.5]$，均有 $\varphi_{\varepsilon}(\tilde{a})\geqslant\varphi_{\varepsilon}(\tilde{b})$，则对风险规避型决策者而言，模糊数 $\tilde{a}\leqslant\tilde{b}$；对于乐观型决策者而言，模糊数 $\tilde{a}\geqslant\tilde{b}$。

注 3.1 我们可以根据决策者对待风险的态度，将其划分为风险规避型、中立型和乐观型，相应的 ε 取值分别为：$-0.5\leqslant\varepsilon<0, \varepsilon=0$ 和 $0<\varepsilon\leqslant 0.5$。通常，风险态度因子 ε 可由决策者或由决策专家组协商共同给出，或在决策分析中采取关于 ε 的灵敏度分析方法。

本节给出考虑决策者风险态度的直觉模糊排序函数的构造。

在多属性决策问题中，若属性值为直觉模糊数 $\tilde{a}=\langle\mu,v\rangle$，则在寻找最优方案的决策过程中，犹豫度 π 的分配可有助于求得决策者期望的最优方案与最劣方案。也就是说，在决策过程中，决策者可以通过把犹豫度增加到满意度 μ 中来改变其对某方案 x 关于属性 o 的评价值。因此，决策者对决策方案 x 关于属性 o 的评价值应该介于 μ 与 $\mu+\pi$ 之间，即在闭区间 $\tilde{a}=[a^{\mathrm{L}},a^{\mathrm{U}}]=[\mu,1-v]$ 内，式中

$a^{L}=\mu$ 和 $a^{U}=\mu+\pi=1-v$。

于是根据定义 3.1 有 $n(\tilde{a})=(\mu+1-v)/2, e(\tilde{a})=1-v-\mu=\pi$。从而我们可以给出含有决策者风险态度因子的直觉模糊数的排序函数的定义 3.3。

定义 3.3 设 $\tilde{a}=\langle\mu,v\rangle$ 为任意直觉模糊数，令 $n(\tilde{a})=(\mu+1-v)/2, e(\tilde{a})=1-v-\mu=\pi$，新定义的考虑决策者风险态度的直觉模糊排序函数为：

$$\begin{aligned}\varphi_{\varepsilon}(\tilde{a})&=n(\tilde{a})+\varepsilon e(\tilde{a})\\&=\frac{1}{2}(\mu+1-v)+\varepsilon(1-\mu-v)\end{aligned} \tag{3.6}$$

其中参数 $\varepsilon(|\varepsilon|\leqslant 0.5)$ 称为决策者对直觉模糊数 $\tilde{a}$ 的风险态度因子，它表示决策者能够承担风险的态度（或程度）。

当 $\tilde{a}=\tilde{a}^{*}=\langle 1,0\rangle$ 时 $\varphi_{\varepsilon}(\tilde{a}^{*})=1$；当 $\tilde{a}=\tilde{a}^{-}=\langle 0,1\rangle$ 时 $\varphi_{\varepsilon}(\tilde{a}^{-})=0$；并且从 $\varphi_{\varepsilon}(\tilde{a})$ 值函数表达式可以看出其具有以下三个特点：

（1）考虑了直觉模糊数 $\tilde{a}=\langle\mu,v\rangle$ 包含的信息量 $S=\mu-v$；

（2）考虑了直觉模糊数 $\tilde{a}=\langle\mu,v\rangle$ 包含的可靠性信息 $1-\pi=\mu+v$；

（3）同时通过引入风险态度因子考虑了决策者的风险态度因素。

这三点在直觉模糊数排序中都是非常重要的，以前的直觉模糊数都是分开考虑这三个信息中的某一方面或两个方面，导致在排序的时候出现了违背客观现实的情形。

下面给出直觉模糊集排序函数 φ 值的一些性质。

性质 3.1 设 $A_1=\langle\mu_1,v_1\rangle$ 和 $A_2=\langle\mu_2,v_2\rangle$ 为两个任意的直觉模糊集。若 $\mu_1\geqslant\mu_2$ 和 $v_1\leqslant v_2$，则有 $\varphi(A_2)\leqslant\varphi(A_1)$。

证明 根据式（3.6），我们有

$$\varphi_{\varepsilon}(A_1)=\frac{1}{2}(\mu_1+1-v_1)+\varepsilon(1-\mu_1-v_1)$$

$$\varphi_{\varepsilon}(A_2)=\frac{1}{2}(\mu_2+1-v_2)+\varepsilon(1-\mu_2-v_2)$$

于是

$$\begin{aligned}\varphi_{\varepsilon}(A_1)-\varphi_{\varepsilon}(A_2)&=\frac{1}{2}(\mu_1-\mu_2+v_2-v_1)+\varepsilon(\mu_2-\mu_1+v_2-v_1)\\&=(0.5-\varepsilon)(\mu_1-\mu_2)+(0.5+\varepsilon)(v_2-v_1)\end{aligned}$$

因风险态度因子 $\varepsilon\in[-0.5,\ 0.5]$，故有

$$0.5-\varepsilon\geqslant 0, 0.5+\varepsilon\geqslant 0$$

于是结合已知条件 $\mu_1\geqslant\mu_2$ 和 $v_1\leqslant v_2$，有 $\varphi_{\varepsilon}(A_1)\geqslant\varphi_{\varepsilon}(A_2)$。从而结论得证。

性质 3.2 设 $A=\langle\mu,\ v\rangle$ 为一任意直觉模糊集，当 $\mu=v$ 时，有如下结论：

（1）当决策者对待风险的态度为风险规避型（$-0.5\leqslant\varepsilon<0$）时，$\varphi_{\varepsilon}(A)$ 为关于 $\mu+v$ 的单调递增函数；

(2) 当决策者对待风险的态度为中立型（$\varepsilon=0$）时，$\varphi_\varepsilon(A)$ 为常数；

(3) 当决策者对待风险的态度为乐观型（$0<\varepsilon\leqslant 0.5$）时，$\varphi_\varepsilon(A)$ 为关于 $\mu+v$ 的单调递减函数。

基于上述的分析，我们给出如下的直觉模糊集排序的定义。

定义 3.4 设 $\tilde{a}$ 和 $\tilde{b}$ 为两个任意的直觉模糊数，则它们大小关系定义如下：

(1) 若对于任意 $\varepsilon\in[-0.5,0.5]$ 均有 $\varphi_\varepsilon(\tilde{a})\leqslant\varphi_\varepsilon(\tilde{b})$，则称 $\tilde{a}$ 小于 $\tilde{b}$，记作：$\tilde{a}\leqslant\tilde{b}$；

(2) 若对于任意的 $\varepsilon\in[-0.5,0.5]$ 均有 $\varphi_\varepsilon(\tilde{a})=\varphi_\varepsilon(\tilde{b})$，则称 $\tilde{a}$ 等于 $\tilde{b}$，记作：$\tilde{a}=\tilde{b}$；

(3) 若对于任意的 $\varepsilon\in[-0.5,r]\subset[-0.5,0.5]$，均有 $\varphi_\varepsilon(\tilde{a})\leqslant\varphi_\varepsilon(\tilde{b})$，而对于任意的正数 $\varepsilon\in[r,0.5]\subset[-0.5,0.5]$，均有 $\varphi_\varepsilon(\tilde{a})\geqslant\varphi_\varepsilon(\tilde{b})$，则对风险规避型决策者而言，模糊数 $\tilde{a}\leqslant\tilde{b}$；对于乐观型决策者而言，模糊数 $\tilde{a}\geqslant\tilde{b}$。

注 3.2 再来考虑例 3.1，根据式（3.6），有 $\varphi_\varepsilon(A)=0.525+0.05\varepsilon$ 和 $\varphi_\varepsilon(B)=0.6+0.7\varepsilon$，则有 $\varphi_\varepsilon(A)-\varphi_\varepsilon(B)=0.735-0.65\varepsilon>0$（$\varepsilon\in[-0.5,0.5]$），于是 $A>B$。这个排序结果与 Xu 和 Yager[47]、Zhang 和 Xu[137] 的不同。下面用投票模型解释结果的合理性。假设现有两个候选人 A 和 B，对候选人 A 的投票结果用直觉模糊集 $A=\langle 0.50,\ 0.45\rangle$ 表示，这说明有 50% 的选民支持候选人 A；对候选人 B 的投票结果用直觉模糊集 $B=\langle 0.25,\ 0.05\rangle$ 表示，这说明有 25% 的选民支持候选人 B。可见 A 为最佳候选人。因此本节提出的 φ 值排序结果符合客观实际。

例 3.2 设 $A=\langle 0.6,\ 0.2\rangle$ 和 $B=\langle 0.7,\ 0.3\rangle$ 为两个直觉模糊集。它们的得分函数分别为 $S(A)=0.4$ 和 $S(B)=0.4$。此时单靠得分函数无法对它们进行比较。经计算有 $\varphi_\varepsilon(A)=0.7+0.2\varepsilon$，$\varphi_\varepsilon(B)=0.7$，则 $\varphi_\varepsilon(A)-\varphi_\varepsilon(B)=0.2\varepsilon<0$（$\varepsilon\in[-0.5,0.5]$），于是有结论 $A<B$。此结果与文献 [47，132] 的排序结果一致。

3.2.2　基于风险态度的直觉模糊多属性决策法

设 m 个方案组成的方案集 $X=\{x_1,x_2,\cdots,x_m\}$，属性集为 $O=\{o_1,\ o_2,\ \cdots,\ o_n\}$，方案 x_i 在属性 o_j 下的评价（属性值）是一个直觉模糊数 $\tilde{a}_{ij}=\langle\mu_{ij},v_{ij}\rangle$，这里 μ_{ij} 和 v_{ij} 分别是方案 x_i 关于属性 o_j 的满意度（隶属度）和不满意度（非隶属度），其中 μ_{ij}，$v_{ij}\in[0,1]$ 且 $0\leqslant\mu_{ij}+v_{ij}\leqslant 1$，则此决策问题的直觉模糊决策矩阵

$$\boldsymbol{A}=(\tilde{a}_{ij})_{m\times n}=\begin{array}{c} \\ x_1\\ x_2\\ \vdots\\ x_m\end{array}\begin{array}{c}\begin{array}{cccc}o_1 & o_2 & \cdots & o_n\end{array}\\ \begin{pmatrix}\tilde{a}_{11} & \tilde{a}_{12} & \cdots & \tilde{a}_{1n}\\ \tilde{a}_{21} & \tilde{a}_{22} & \cdots & \tilde{a}_{2n}\\ \vdots & \vdots & \ddots & \vdots\\ \tilde{a}_{m1} & \tilde{a}_{m2} & \cdots & \tilde{a}_{mn}\end{pmatrix}\end{array}\tag{3.7}$$

易知，其犹豫度为 $\pi_{ij}=1-\mu_{ij}-v_{ij}$。

根据定义 3.3，将决策矩阵（3.7）转变为考虑决策者风险态度的决策矩阵：

$$\boldsymbol{\Phi}(\varepsilon)=\begin{bmatrix}\varphi_{11}(\varepsilon) & \varphi_{12}(\varepsilon) & \cdots & \varphi_{1n}(\varepsilon)\\ \varphi_{21}(\varepsilon) & \varphi_{22}(\varepsilon) & \cdots & \varphi_{2n}(\varepsilon)\\ \vdots & \vdots & \ddots & \vdots\\ \varphi_{m1}(\varepsilon) & \varphi_{m2}(\varepsilon) & \cdots & \varphi_{mn}(\varepsilon)\end{bmatrix} \tag{3.8}$$

其中

$$\varphi_{ij}(\varepsilon)=\varphi_{\varepsilon}(\tilde{r}_{ij})=\frac{1}{2}(1+\mu_{ij}-v_{ij})+\varepsilon\cdot(1-\mu_{ij}-v_{ij}) \tag{3.9}$$

在实际的决策中，各评价属性的重要程度可能不相同。用 $w_j(j=1, 2, \cdots, m)$ 表示第 j 个属性 $o_j\in O$ 的权重(重要程度)，则 w_j 满足 $w_j\in[0, 1]$，且 $\sum_{j=1}^{m}w_j=1$。记 $\boldsymbol{w}=(w_1, w_2, \cdots, w_m)^{\mathrm{T}}$ 为属性权重向量。有些决策问题，属性的权重可以直接由决策者给出，但是在很多情况下由于决策者的知识背景以及对问题的熟悉程度，可能不能准确给出评估属性的权重，只能给出属性权重的部分信息。这里用 H 表示决策者给出的部分属性权重信息集合。

3.2.2.1　属性权重信息完全未知情形

在构建优化模型确定属性权重时需把握的规则是：若所有备选方案在某属性下的属性评价值差异很小，则该属性对最终的方案排序结果影响很小，此时应给该属性赋予较小的权重；否则，即若所有方案在某属性下的评价值差异较大，则该属性在对最终方案的排序结果影响较大，此时应给该属性赋予较大的权重。特别地，若所有方案在某属性下的属性值均相等，则该属性对最终的方案排序结果起不到任何影响，此时应赋予其权重为 0 或者在最终选择评估属性时提前将其剔除。

对于属性 o_l，方案 x_i 和方案 x_j 的含有决策者态度因子排序函数（$\varphi(\varepsilon)$）的加权偏差绝对值可以定义为

$$D_{ij}^{l}(w)=w_l\left|\varphi_{il}(\varepsilon)-\varphi_{jl}(\varepsilon)\right| \tag{3.10}$$

于是对于属性 o_l，方案 x_i 与其他所有方案的排序函数加权偏差绝对值之和为

$$D_{i}^{l}(w)=\sum_{j=1}^{n}D_{i}^{l}(w)=\sum_{j=1}^{n}w_l\left|\varphi_{il}(\varepsilon)-\varphi_{jl}(\varepsilon)\right| \tag{3.11}$$

从而对每个方案关于属性 o_l 相对于其他所有方案的排序函数的加权偏差绝对值进行加总，得到总的偏差：

$$D^{l}(w)=\sum_{i=1}^{m}D_{i}^{l}(w)=\sum_{i=1}^{m}\sum_{j=1}^{n}w_l\left|\varphi_{il}(\varepsilon)-\varphi_{jl}(\varepsilon)\right| \tag{3.12}$$

属性权重的选择应当使所有评价属性对所有方案的 $\varphi_{\cdot}(\varepsilon)$ 值加权偏差的平方的总和达到最大值，即极大化：

$$\max D(w) = \sum_{l=1}^{m} D^l = \sum_{l=1}^{m}\sum_{i=1}^{n}\sum_{j=1}^{n} w_l \left| \varphi_{il}(\varepsilon) - \varphi_{jl}(\varepsilon) \right|$$

$$\text{s.t.} \begin{cases} \sum_{l=1}^{m} w_l = 1 \\ w_l \geqslant 0 \quad (l = 1,2,\cdots,m) \end{cases} \tag{3.13}$$

同时，卫贵武（2013）指出，各评估属性的真实权重系数应该是一个随机变量，具有不确定性。由于 $\sum_{j=1}^{m} w_j = 1$，$w_j \geqslant 0$，$j = 1, 2, \cdots, m$，因而可以将权重系数 w_j 理解为第 j 个属性 o_j 在属性集中所占的比重（概率），这样便可以用 Shannon 信息熵 $E = -\sum_{j=1}^{m} w_j \ln w_j$ 来度量属性权重信息的不确定程度。

为消除各属性权重系数的不确定性，根据 Jaynes 最大熵原理，最优权重系数应该使得信息熵 $E = -\sum_{j=1}^{m} w_j \ln w_j$ 最大化，即

$$\max E = -\sum_{j=1}^{m} w_j \ln w_j$$

$$\text{s.t.} \begin{cases} \sum_{l=1}^{m} w_l = 1 \\ w_l \geqslant 0 \quad (l = 1,2,\cdots,m) \end{cases} \tag{3.14}$$

为同时满足式（3.13）和式（3.14）两个要求，求解最优权重向量等价于求解如下最优化模型：

$$\max u \sum_{l=1}^{m}\sum_{i=1}^{n}\sum_{j=1}^{n} w_l \left| \varphi_{il}(\varepsilon) - \varphi_{jl}(\varepsilon) \right| - (1-u)\sum_{l=1}^{m} w_l \ln w_l$$

$$\text{s.t.} \begin{cases} \sum_{l=1}^{m} w_l = 1 \\ w_l \geqslant 0 \quad (l = 1,2,\cdots,m) \end{cases} \tag{3.15}$$

其中参数 $u(0<u<1)$ 用于表示目标式（3.13）和式（3.14）之间的平衡系数，其数值可由决策者根据实际问题预先给定。

下面求解该最优化问题式（3.15）。首先构造拉格朗日函数

$$L(w,\lambda) = u\sum_{l=1}^{m}\sum_{i=1}^{n}\sum_{j=1}^{n} w_l \left| \varphi_{il}(\varepsilon) - \varphi_{jl}(\varepsilon) \right| - (1-u)\sum_{j=1}^{m} w_l \ln w_l - \lambda\left(\sum_{l=1}^{m} w_l - 1\right)$$

$$\text{s.t.} \begin{cases} \dfrac{\partial L(w,\lambda)}{\partial w_l} = u\sum_{i=1}^{n}\sum_{j=1}^{n} w_l \left| \varphi_{il}(\varepsilon) - \varphi_{jl}(\varepsilon) \right| - (1-u)\sum_{j=1}^{m} (\ln w_l + 1) - \lambda = 0 \\ \dfrac{\partial L(w,\lambda)}{\partial \lambda} = \sum_{l=1}^{m} w_l - 1 = 0 \end{cases} \tag{3.16}$$

根据极值存在的必要条件，求解式（3.16）可得最优属性权重向量：

$$w_l = \frac{\exp[u\sum_{i=1}^{n}\sum_{j=1}^{n}|\varphi_{il}(\varepsilon)-\varphi_{jl}(\varepsilon)|/(1-u)-1]}{\sum_{l=1}^{m}\exp[u\sum_{i=1}^{n}\sum_{j=1}^{n}|\varphi_{il}(\varepsilon)-\varphi_{jl}(\varepsilon)|/(1-u)-1]}, l=1,2,\cdots,m \tag{3.17}$$

3.2.2.2 属性权重信息部分已知情形

当属性权重信息部分已知，记已知的部分属性权重信息的数学表达式的集合为 H，一般分为如下 6 种类型：

（1）$w_i \geqslant w_j$；

（2）$w_i - w_j \geqslant \alpha_i(\alpha_i \geqslant 0)$；

（3）$w_i \geqslant \beta_i w_j(\beta_i \geqslant 0)$；

（4）$\gamma_i \leqslant w_i \leqslant \gamma_i + \varepsilon_i(\gamma_i,\varepsilon_i \geqslant 0)$；

（5）$\theta_i w_j \leqslant (\theta_i + \varepsilon_i)w_j$ 或 $\theta_i \leqslant \frac{w_i}{w_j} \leqslant (\theta_i + \varepsilon_i), w_j \neq 0(\theta_i,\varepsilon_i \geqslant 0)$；

（6）$w_i - w_j \geqslant w_k - w_l, j \neq k \neq l$。

则类似于前面的分析，可以构建如下最优化模型：

$$\max u\sum_{l=1}^{m}\sum_{i=1}^{n}\sum_{j=1}^{n}w_l|\varphi_{il}(\varepsilon)-\varphi_{jl}(\varepsilon)|-(1-u)\sum_{l=1}^{m}w_l\ln w_l$$

$$\text{s.t.}\begin{cases} w \in H \\ \sum_{l=1}^{m} w_l = 1 \\ w_l \geqslant 0 \quad (l=1,2,\cdots,m) \end{cases} \tag{3.18}$$

借助于 Matlab 或 LINGO 软件求解，易得最优属性权重。

对本节描述的直觉模糊多属性决策问题，其相应的正理想点定义为：

$$x^* = (\langle\mu_1^*, v_1^*\rangle, \langle\mu_2^*, v_2^*\rangle, \cdots, \langle\mu_m^*, v_m^*\rangle)$$

其中 $\langle\mu_j^*, v_j^*\rangle = \langle 1,0\rangle(j=1,2,\cdots,m)$。

相应的负理想点定义为：

$$x^- = (\langle\mu_1^-, v_1^-\rangle, \langle\mu_2^-, v_2^-\rangle, \cdots, \langle\mu_m^-, v_m^-\rangle)$$

其中 $\langle\mu_j^-, v_j^-\rangle = \langle 0,1\rangle(j=1,2,\cdots,m)$。

根据 φ 值计算公式（3.6），备选方案 x_i 相对应的加权 φ 值为：

$$\varphi_i = \sum_{j=1}^{m} w_j\varphi_{ij}(\varepsilon) = \sum_{j=1}^{m} w_j[\frac{1}{2}(1+\mu_{ij}-v_{ij})+\varepsilon\cdot(1-\mu_{ij}-v_{ij})] \tag{3.19}$$

可以根据 $\varphi_i(i=1, 2, \cdots, n)$ 值的大小对备选方案进行排序和择优。若

$i_0 = \underset{1 \leqslant i \leqslant n}{\mathrm{argmax}}\{R_i\}$，则 φ_{i_0} 为最优方案。

基于上面的讨论，将给出基于风险态度的直觉模糊多属性决策方法，具体步骤如下：

步骤 1　识别、确定方案集 $X = \{x_1, x_2, \cdots, x_n\}$ 和评估属性集合 $O = \{o_1, o_2, \cdots, o_m\}$；

步骤 2　获取直觉模糊信息决策矩阵 $\boldsymbol{D} = (\langle \mu_{ij}, v_{ij} \rangle)_{n \times m}$；

步骤 3　根据（3.17）或最优化模型（3.18），确定属性权重向量 $\boldsymbol{w} = (w_1, w_2, \cdots, w_m)^{\mathrm{T}}$；

步骤 4　根据式（3.19），计算各备选方案 x_i 相对应的加权 φ 值；

步骤 5　按照根据 $\varphi_i(i = 1, 2, \cdots, n)$ 值的大小对备选方案进行排序和择优。$\varphi_i(i = 1, 2, \cdots, n)$ 最大者对应的方案为最优方案。

3.2.3　算例分析

为说明本章所提出的方法的有效性和实用性，下面分别针对属性权重完全未知和属性权重信息部分已知两种情形进行实例分析。

例 3.3（属性权重完全未知情形）　企业项目风险投资具有“高风险”和“高收益”的特征。风险项目投资的评价指标包含非系统风险和系统风险两部分内容[8]。其中非系统风险指技术风险、产品风险、市场风险、管理风险和财务风险等，系统风险指环境风险、自然风险、金融风险、法制环境、风险政策及行业风险等。

假定某风险投资公司欲将一大部分剩余资金进行项目投资（Wei[196]），经初步考察，筛选出 5 个备选企业 $x_j(j = 1, 2, \cdots, 5)$ 可供选择，它们分别是小汽车公司（x_1）、食品企业（x_2）、计算机公司（x_3）、武器装备公司（x_4）和电视机公司（x_5）。在投资时要考虑如下 4 个评价属性：风险分析（o_1）、成长分析（o_2）、社会政治影响力（o_3）、环境影响分析（o_4）。各方案在相应属性下的满意度、不满意度程度用直觉模糊数表示，具体的直觉模糊信息决策矩阵见表 3.1。

表 3.1　直觉模糊信息决策矩阵

备选方案	评估属性			
	o_1	o_2	o_3	o_4
x_1	$\langle 0.5, 0.4 \rangle$	$\langle 0.5, 0.3 \rangle$	$\langle 0.2, 0.6 \rangle$	$\langle 0.4, 0.4 \rangle$
x_2	$\langle 0.7, 0.3 \rangle$	$\langle 0.7, 0.3 \rangle$	$\langle 0.6, 0.2 \rangle$	$\langle 0.6, 0.2 \rangle$
x_3	$\langle 0.5, 0.4 \rangle$	$\langle 0.6, 0.4 \rangle$	$\langle 0.6, 0.2 \rangle$	$\langle 0.5, 0.3 \rangle$
x_4	$\langle 0.8, 0.2 \rangle$	$\langle 0.7, 0.2 \rangle$	$\langle 0.4, 0.2 \rangle$	$\langle 0.5, 0.2 \rangle$
x_5	$\langle 0.4, 0.3 \rangle$	$\langle 0.4, 0.2 \rangle$	$\langle 0.4, 0.5 \rangle$	$\langle 0.4, 0.6 \rangle$

下面采用本书提出的方法进行求解，步骤如下：

步骤 1 取 $u=0.5$，根据式（3.17）确定属性的权重分别为：

$$w_1=0.1065, w_2=0.0963, w_3=0.5828, w_4=0.2144;$$

步骤 2 根据式（3.21），各个备选方案的加权 φ 值分别为：

$$\varphi_1=0.4931, \varphi_2=0.7583, \varphi_3=0.7380, \varphi_4=0.8000, \varphi_5=0.5288$$

步骤 3 根据 $\varphi_i(i=1,2,\cdots,5)$ 的大小对备选方案进行排序得到方案的优劣排序结果为 $x_4>x_2>x_3>x_5>x_1$，最优投资项目为 x_4（武器装备公司）。

注 3.3 为将本书所提出的决策方法与文献 Zhang 和 Xu(2012) 的结果进行比较，笔者按本书确定的权重，计算得到各个备选方案的 L 值分别为 $L_1=0.4628$，$L_2=0.6786$，$L_3=0.6114$，$L_4=0.6682$ 和 $L_5=0.4947$。因而有，$L_2>L_4>L_3>L_5>L_1$。于是排序结果为 $x_2>x_4>x_3>x_5>x_1$，最优投资项目为 x_2。结论的不同是由于 Zhang 和 Xu(2012) 的排序函数未考虑直觉模糊集自身所包含的信息量与可靠性信息。

例 3.4（属性权重信息部分已知情形） 中国是世界上受自然灾害影响最为严重的国家之一，自然灾害的种类多、频度高，很多情况造成的损失也非常严重。随着改革开放和某些地方政府过度追求 GDP 的增长，造成了环境的污染和破坏，灾害带来的损失也逐渐显现[197]。自然灾害有可能造成大量人员伤亡、财产损失、严重社会危害和生态环境破坏等。危及公共安全的紧急事件催生出巨大的应急物流需求。港口物流是多种物资、交通运输、服务资源的集合，其在国民经济活动中具有举足轻重的作用[198]。为有效减少突发事件造成的危害，港口物流的应急物流系统脆弱性评价成为一个亟待解决的问题。

设某港口欲建立一个应急物流管理系统（鞠彦兵[199]），经过前期调查，初步筛选了 5 个候选的应急物流管理系统 $x_j(j=1,\ 2,\ \cdots,\ 5)$，为提高决策质量，该港口集团聘请了 3 位专家 $D_i(i=1,\ 2,\ 3)$ 对这 5 个候选的应急物流管理系统 $x_j(j=1,\ 2,\ \cdots,\ 5)$ 进行脆弱性评价。在进行评价时采用如下的评价指标（属性）：应急部门的指挥调度能力（o_1）、应急信息处理（o_2）、物资供应保障能力（o_3）和废弃物的回收处理（o_4）。现假设经过专家团队讨论，确定部分属性权重信息，即权重满足

$$\boldsymbol{H}=\{(w_1,w_2,w_3,w_4)\mid 0.15\leqslant w_1\leqslant 0.20; 0.20\leqslant w_2\leqslant 0.35; \\ 0.35\leqslant w_3\leqslant 0.40; 0.15\leqslant w_4\leqslant 0.20\}$$

3 位专家采用语言短语给出各方案在各属性的评价值，其中语言短语集为：

$S=\{$极差(EP),非常差(VP),差(P),中等(M),好(G),非常好(VG),极好(EG)$\}$。三位专家给出的语言信息评价矩阵见表 3.2 ~ 表 3.4。

表 3.2 专家 D_1 的语言信息评价矩阵

应急管理系统	评估属性			
	o_1	o_2	o_3	o_4
x_1	M	G	P	P
x_2	P	VP	M	P
x_3	G	M	G	EP
x_4	VG	P	P	G
x_5	EG	EP	VP	M

表 3.3 专家 D_2 的语言信息评价矩阵

应急管理系统	评估属性			
	o_1	o_2	o_3	o_4
x_1	P	M	VP	VP
x_2	VP	EP	G	G
x_3	M	G	P	EG
x_4	EG	VP	VP	M
x_5	P	VP	M	VP

表 3.4 专家 D_3 的语言信息评价矩阵

应急管理系统	评估属性			
	o_1	o_2	o_3	o_4
x_1	G	P	VP	VG
x_2	VP	G	P	G
x_3	VG	VP	G	P
x_4	G	VG	EG	VP
x_5	M	VP	M	G

下面采用本节提出的方法进行求解，步骤如下：

步骤 1 利用语言变量值与直觉模糊数之间的对应关系（表 3.5）将语言评价信息评价转换为直觉模糊信息评价矩阵，见表 3.6 ~ 表 3.8。

表 3.5 语言变量值与直觉模糊数之间的对应关系[200]

语言变量值	语言变量值简记形式	直觉模糊数
极差	EP	⟨0.00,0.90⟩
非常差	VP	⟨0.25,0.60⟩
差	P	⟨0.40,0.50⟩

续表 3.5

语言变量值	语言变量值简记形式	直觉模糊数
中等	M	〈0.50,0.50〉
好	G	〈0.70,0.20〉
非常好	VG	〈0.85,0.05〉
极好	EG	〈1.00,0.00〉

表 3.6 专家 D_1 的直觉模糊信息评价矩阵

应急管理系统	评估属性			
	o_1	o_2	o_3	o_4
x_1	〈0.50,0.50〉	〈0.70,0.20〉	〈0.40,0.50〉	〈0.40,0.50〉
x_2	〈0.40,0.50〉	〈0.25,0.60〉	〈0.50,0.50〉	〈0.40,0.50〉
x_3	〈0.70,0.20〉	〈0.50,0.50〉	〈0.70,0.20〉	〈0.00,0.90〉
x_4	〈0.85,0.05〉	〈0.40,0.50〉	〈0.40,0.50〉	〈0.70,0.20〉
x_5	〈1.00,0.00〉	〈0.00,0.90〉	〈0.25,0.60〉	〈0.50,0.50〉

表 3.7 专家 D_2 的直觉模糊信息评价矩阵

应急管理系统	评估属性			
	o_1	o_2	o_3	o_4
x_1	〈0.40,0.50〉	〈0.50,0.50〉	〈0.25,0.60〉	〈0.25,0.60〉
x_2	〈0.25,0.60〉	〈0.00,0.90〉	〈0.70,0.20〉	〈0.70,0.20〉
x_3	〈0.50,0.50〉	〈0.70,0.20〉	〈0.40,0.50〉	〈1.00,0.00〉
x_4	〈1.00,0.00〉	〈0.25,0.60〉	〈0.25,0.60〉	〈0.50,0.50〉
x_5	〈0.40,0.50〉	〈0.25,0.60〉	〈0.50,0.50〉	〈0.25,0.60〉

表 3.8 专家 D_3 的直觉模糊信息评价矩阵

应急管理系统	评估属性			
	o_1	o_2	o_3	o_4
x_1	〈0.70,0.20〉	〈0.40,0.50〉	〈0.25,0.60〉	〈0.85,0.05〉
x_2	〈0.25,0.60〉	〈0.70,0.20〉	〈0.40,0.50〉	〈0.70,0.20〉
x_3	〈0.85,0.05〉	〈0.25,0.60〉	〈0.70,0.20〉	〈0.40,0.50〉
x_4	〈0.70,0.20〉	〈0.85,0.05〉	〈1.00,0.00〉	〈0.25,0.60〉
x_5	〈0.50,0.50〉	〈0.25,0.60〉	〈0.50,0.50〉	〈0.70,0.20〉

步骤 2 由于直觉模糊数的求和运算还存在着不足，为此本书先计算各个直觉模糊数的 φ 值，这里 $\varepsilon=0$，然后集结各专家的决策信息得到决策信息矩阵

$\boldsymbol{\Phi}=(\varphi_{ij})_{n\times m}$，其中

$$\varphi_{ij}=\lambda_1\varphi_{ij}^1+\lambda_2\varphi_{ij}^2+\lambda_3\varphi_{ij}^3 \tag{3.20}$$

和

$$\varphi_{ij}^k=\frac{1}{2}(1+\mu_{ij}^{(k)}-v_{ij}^{(k)})+\varepsilon\cdot(1-\mu_{ij}^{(k)}-v_{ij}^{(k)}) \tag{3.21}$$

这里的 $\langle\mu_{ij}^{(k)}, v_{ij}^{(k)}\rangle$ 为第 k 个决策者给出的方案 x_i 在属性 o_j 下的直觉模糊信息值。本例中假设专家权重相同，即 $\lambda_1=\lambda_2=\lambda_3=1/3$，于是得到的集结后的决策信息矩阵为

$$\boldsymbol{\Phi}=(\varphi_{ij})_{n\times m}=\begin{pmatrix}0.3116 & 0.3116 & 0.1245 & 0.3316\\ 0.1245 & 0.1992 & 0.3116 & 0.3950\\ 0.4887 & 0.2816 & 0.3950 & 0.3958\\ 0.7387 & 0.3316 & 0.4264 & 0.2816\\ 0.4782 & 0.0639 & 0.1982 & 0.2816\end{pmatrix}$$

步骤 3 令 $u=1/2$，根据模型（3.18）建立如下最优化模型

$$\max G=1.9167w_1+1.0917w_2+1.1167w_3+0.6583w_4-0.5w_1\ln w_1-0.5w_2\ln w_2-0.5w_3\ln w_3-0.5w_4\ln w_4$$

$$\text{s.t.}\begin{cases}0.15\leqslant w_1\leqslant 0.20\\ 0.20\leqslant w_2\leqslant 0.35\\ 0.35\leqslant w_3\leqslant 0.40\\ 0.15\leqslant w_4\leqslant 0.20\\ w_1+w_2+w_3+w_4=1\\ w_l\geqslant 0\quad (l=1,2,\cdots,4)\end{cases}$$

利用 Matlab 软件求解得到最优权重向量：

$$w_1=0.200, w_2=0.273, w_3=0.350, w_4=0.177$$

步骤 4 根据式（3.18）计算得到各备选方案的加权 φ 值分别为：

$$\varphi_1=0.5446, \varphi_2=0.5389, \varphi_3=0.6441, \varphi_4=0.6737, \varphi_5=0.4789$$

步骤 5 根据 $\varphi_i(i=1, 2, \cdots, 5)$ 的大小对备选应急物流系统进行排序得到方案的优劣排序结果为 $x_4>x_3>x_1>x_2>x_5$，由此知最优应急物流系统为 x_4。这与鞠彦兵（2013）的最优应急系统结果相同。不过本节采用直觉模糊数进行语言评价信息转换，决策步骤简单易行，运算上比鞠彦兵（2013）提出的语言变量决策方法更加简洁和直观。

3.3 基于风险态度的区间直觉模糊多属性决策方法

3.3.1 基于风险态度的区间直觉模糊排序函数

在新的区间直觉模糊排序函数提出之前，我们先回顾已有的有关区间直觉模糊排序研究的结果。

令 $\tilde{A}_i=\langle\tilde{\mu}_{\tilde{A}_i},\tilde{v}_{\tilde{A}_i}\rangle(i=1,2)$ 为两个任意的区间直觉模糊数，关于 $\tilde{A}_1$ 与 $\tilde{A}_2$ 的排序比较参见定义 2.10。为更好地给出区间直觉模糊集的比较，Xu 和 Chen[201] 给出了得分函数 $S(\tilde{A})$ 和精确度函数 $H(\tilde{A})$ 的定义。当 $\tilde{A}=\langle\tilde{\mu}_{\tilde{A}},\tilde{v}_{\tilde{A}},\tilde{\pi}_{\tilde{A}}\rangle$ 为一任意区间直觉模糊数时，$\tilde{A}$ 的得分函数定义为

$$S(\tilde{A})=\frac{1}{2}(\mu_{\tilde{A}}^{-}+\mu_{\tilde{A}}^{+}-v_{\tilde{A}}^{-}-v_{\tilde{A}}^{+})\tag{3.22}$$

相应的精确度函数定义为

$$H(\tilde{A})=\frac{1}{2}(\mu_{\tilde{A}}^{-}+\mu_{\tilde{A}}^{-}+v_{\tilde{A}}^{-}+v_{\tilde{A}}^{+})\tag{3.23}$$

Xu 和 Chen[201] 给出了如下的区间直觉模糊数比较方法：

定义 3.5 设 $\tilde{A}_i=\langle\tilde{\mu}_{\tilde{A}_i},\tilde{v}_{\tilde{A}_i}\rangle(i=1,2)$ 为两任意区间直觉模糊数，记 $S(\tilde{A}_i)$ $(i=1,2)$ 和 $H(\tilde{A}_i)(i=1,2)$ 分别为相应的得分函数和精确度函数，则：

(1) 当 $S(\tilde{A}_1)>S(\tilde{A}_2)$ 时，$\tilde{A}_1$ 大于 $\tilde{A}_2$，记为 $\tilde{A}_1>\tilde{A}_2$；

(2) 当 $S(\tilde{A}_1)=S(\tilde{A}_2)$ 时，又若：

1) 当 $H(\tilde{A}_1)=H(\tilde{A}_2)$ 时，称 $\tilde{A}_1$ 与 $\tilde{A}_2$ 没有区别，记为 $\tilde{A}_1\sim\tilde{A}_2$。

2) 当 $H(\tilde{A}_1)>H(\tilde{A}_2)$ 时，称 $\tilde{A}_1$ 大于 $\tilde{A}_2$，记为 $\tilde{A}_1>\tilde{A}_2$。

Wang 等[202] 为克服定义 3.5 中排序中出现的 (2) 中第 1) 种情形会出现反直觉特例的缺憾，给出了隶属度不确定指标 $g_1(\tilde{A})$ 和犹豫度不确定指标 $g_2(\tilde{A})$，其中

$$g_1(\tilde{A})=\mu_{\tilde{A}}^{+}-\mu_{\tilde{A}}^{-}+v_{\tilde{A}}^{-}-v_{\tilde{A}}^{+}\tag{3.24}$$

和

$$g_2(\tilde{A})=\mu_{\tilde{A}}^{+}-\mu_{\tilde{A}}^{-}+v_{\tilde{A}}^{+}-v_{\tilde{A}}^{-}\tag{3.25}$$

于是当 $S(\tilde{A}_1)=S(\tilde{A}_2)$ 和 $H(\tilde{A}_1)=H(\tilde{A}_2)$ 时，给出了如下排序法则：

(1) 当 $g_1(\tilde{A}_1)<g_1(\tilde{A}_2)$ 时，$\tilde{A}_1$ 大于 $\tilde{A}_2$，记为 $\tilde{A}_1>\tilde{A}_2$；

(2) 当 $g_1(\tilde{A}_1)=g_1(\tilde{A}_2)$ 时，则：

1) 若 $g_2(\tilde{A}_1)<g_2(\tilde{A}_2)$，则 $\tilde{A}_1$ 大于 $\tilde{A}_2$，记为 $\tilde{A}_1>\tilde{A}_2$；

2) 若 $g_2(\tilde{A}_1)=g_2(\tilde{A}_2)$，则 $\tilde{A}_1$ 等于 $\tilde{A}_2$，记为 $\tilde{A}_1=\tilde{A}_2$。

由于上述区间直觉模糊排序方案还存在着与客观实际不相符合的情形，很多学者展开了相关的研究并提出了一些区间直觉模糊集排序函数。如 Ye[134] 给出了一个新的精确度函数的定义：

$$YH(\tilde{A})=\mu_{\tilde{A}}^{-}+\mu_{\tilde{A}}^{+}+\frac{v_{\tilde{A}}^{-}+v_{\tilde{A}}^{+}}{2}-1\tag{3.26}$$

不过，Wang[135] 指出 Ye 提出的排序方法中存在着一些不足，在排序中也必须借助得分函数才能得到相对较好的排序结果。Wu 和 Chiclana[203] 基于 COWA 算子提出了一种基于态度期望得分的区间直觉模糊集排序函数，定义如下

$$AES(\tilde{A})=\frac{(1-\lambda)(\mu_{\tilde{A}}^{-}-v_{\tilde{A}}^{-})+\lambda(\mu_{\tilde{A}}^{+}-v_{\tilde{A}}^{+})+1}{2}\tag{3.27}$$

基于 Hamming 距离公式，两区间直觉模糊数 $\tilde{A}_i=(\tilde{\mu}_{\tilde{A}_i},\tilde{v}_{\tilde{A}_i})(i=1,2)$ 的距离测度为：

$$\mathrm{d}(\tilde{A}_1,\tilde{A}_2)=\frac{1}{4}[\,|\mu_{\tilde{A}_1}^{-}-\mu_{\tilde{A}_2}^{-}|+|\mu_{\tilde{A}_1}^{+}-\mu_{\tilde{A}_2}^{+}|+|v_{\tilde{A}_1}^{-}-v_{\tilde{A}_2}^{-}|+ |v_{\tilde{A}_1}^{+}-v_{\tilde{A}_2}^{+}|+|\pi_{\tilde{A}_1}^{-}-\pi_{\tilde{A}_2}^{-}|+|\pi_{\tilde{A}_1}^{+}-\pi_{\tilde{A}_2}^{+}|\,] \tag{3.28}$$

为此给定区间直觉模糊数 $\tilde{A}=(\tilde{\mu}_{\tilde{A}},\tilde{v}_{\tilde{A}})=([\mu_{\tilde{A}}^{-},\mu_{\tilde{A}}^{+}],[v_{\tilde{A}}^{-},v_{\tilde{A}}^{+}])$，$\tilde{A}^{*}=([1,1],[0,0])$ 及 $\tilde{A}^{-}=([0,0],[1,1])$，模糊数 $\tilde{A}$ 相应于 $\tilde{A}^{*}$ 及 $\tilde{A}^{-}$ 的距离分别为：

$$\mathrm{d}(\tilde{A},\tilde{A}^{*})=\frac{1}{4}[\,|1-\mu_{\tilde{A}}^{-}|+|1-\mu_{\tilde{A}}^{+}|+|v_{\tilde{A}}^{-}|+|v_{\tilde{A}}^{+}|+ |\pi_{\tilde{A}}^{-}|+|\pi_{\tilde{A}}^{+}|\,]=\frac{1}{2}(2-\mu_{\tilde{A}}^{-}-\mu_{\tilde{A}}^{+}) \tag{3.29}$$

和

$$\mathrm{d}(\tilde{A},\tilde{A}^{-})=\frac{1}{4}[\,|\mu_{\tilde{A}}^{-}|+|\mu_{\tilde{A}}^{+}|+|1-v_{\tilde{A}}^{-}|+|1-v_{\tilde{A}}^{+}|+ |\pi_{\tilde{A}}^{-}|+|\pi_{\tilde{A}}^{+}|\,]=\frac{1}{2}(2-v_{\tilde{A}}^{-}-v_{\tilde{A}}^{+}) \tag{3.30}$$

受 TOPSIS 思想的启发，我们可以定义区间直觉模糊数 $\tilde{A}$ 的贴近度：

$$C(\tilde{A})=\frac{d(\tilde{A},\tilde{A}^{-})}{d(\tilde{A},\tilde{A}^{-})+d(\tilde{A},\tilde{A}^{+})}=\frac{2-v_{\tilde{A}}^{-}-v_{\tilde{A}}^{+}}{(2-v_{\tilde{A}}^{-}-v_{\tilde{A}}^{+})+(2-\mu_{\tilde{A}}^{-}-\mu_{\tilde{A}}^{+})} \tag{3.31}$$

注意到，当 $\tilde{A}$ 为直觉模糊数时，$C(\tilde{A})$ 即为 Zhang 和 Xu[137] 定义的用于直觉模糊数的排序的 L 值。

上述提及的区间直觉模糊数的排序函数没有能够在一个函数中同时考虑区间直觉模糊数包含的信息量 $S(\tilde{A})=\frac{1}{2}(\mu_{\tilde{A}}^{-}+\mu_{\tilde{A}}^{+}-v_{\tilde{A}}^{-}-v_{\tilde{A}}^{+})$ 以及可靠性信息量 $I(\tilde{A})=\frac{1}{2}(\mu_{\tilde{A}}^{-}+\mu_{\tilde{A}}^{+}+v_{\tilde{A}}^{-}+v_{\tilde{A}}^{+})$，因此会出现结果违反客观直觉的情形（Szmidt 和 Kacprzyk[186]），因此本节接下来的讨论中将定义一种新的区间直觉模糊数排序函数。

定义 3.6　设 $\tilde{A}=(\tilde{\mu}_{\tilde{A}},\tilde{v}_{\tilde{A}})$ 为一任意区间直觉模糊数。定义 $\tilde{A}$ 的如下一实值函数：

$$\Phi_{\varepsilon}(\tilde{A})=\frac{1}{2}\times(1+S(\tilde{A}))+\varepsilon\times(1-I(\tilde{A})) \tag{3.32}$$

并称其为区间直觉模糊数 $\tilde{A}$ 的 Φ 值。其中参数 $\varepsilon(|\varepsilon|\leqslant 0.5)$ 称为决策者对直觉模糊数 $\tilde{a}$ 的风险态度因子，它表示决策者能够承担风险的态度（或程度）。

显然，Φ 值亦可以表示为

$$\Phi_{\varepsilon}(\tilde{A})=\frac{1}{2}\times\left(1+\frac{\mu_{\tilde{A}}^{-}+\mu_{\tilde{A}}^{+}-v_{\tilde{A}}^{-}-v_{\tilde{A}}^{+}}{2}\right)+\varepsilon\times\left(1-\frac{\mu_{\tilde{A}}^{-}+\mu_{\tilde{A}}^{+}+v_{\tilde{A}}^{-}+v_{\tilde{A}}^{+}}{2}\right) \tag{3.33}$$

且易知 $0\leqslant\Phi_{\varepsilon}(A)\leqslant 1$。

当 $\tilde{A}=\tilde{A}^*=([1,1],[0,0])$ 时，$\Phi_\varepsilon(\tilde{A})=1$；当 $\tilde{A}=\tilde{A}^-=([0,0],[1,1])$ 时，$\Phi_\varepsilon(\tilde{A})=0$。并且从 $\Phi_\varepsilon(\tilde{A})$ 值函数表达式可以看出其具有以下三个特点：

（1）考虑了 $\tilde{A}=(\tilde{\mu}_{\tilde{A}},\tilde{v}_{\tilde{A}})$ 包含的信息量 $S(\tilde{A})=\frac{1}{2}(\mu_{\tilde{A}}^- +\mu_{\tilde{A}}^+ -v_{\tilde{A}}^- -v_{\tilde{A}}^+)$；

（2）考虑了 $\tilde{A}=(\tilde{\mu}_{\tilde{A}},\tilde{v}_{\tilde{A}})$ 包含的可靠性信息 $I(\tilde{A})=\frac{1}{2}(\mu_{\tilde{A}}^- +\mu_{\tilde{A}}^+ +v_{\tilde{A}}^- +v_{\tilde{A}}^+)$；

（3）同时通过引入风险态度因子，考虑了决策者的风险态度因素。

这三点在区间直觉模糊数排序中都是非常重要的，以前的区间直觉模糊数都是分开考虑这三个信息中的某一方面或某两个，导致在排序的时候出现了违背客观现实的情形。下面给出区间直觉模糊数排序函数 Φ 值的一些性质。

性质 3.3 令 $\tilde{A}_i=(\tilde{\mu}_{\tilde{A}_i},\tilde{v}_{\tilde{A}_i})\ (i=1,\ 2)$ 为两个任意的区间直觉模糊数，并假定 $\mu_{\tilde{A}_1}^-\geqslant\mu_{\tilde{A}_2}^-$，$\mu_{\tilde{A}_1}^+\geqslant\mu_{\tilde{A}_2}^+$ 和 $v_{\tilde{A}_1}^-\leqslant v_{\tilde{A}_2}^-$，$v_{\tilde{A}_1}^+\leqslant v_{\tilde{A}_2}^+$，则有 $\Phi_\varepsilon(\tilde{A}_2)\leqslant\Phi_\varepsilon(\tilde{A}_1)$。

证明 根据式（3.33），有

$$\Phi_\varepsilon(\tilde{A}_1)=\frac{1}{2}\times\left(1+\frac{\mu_{\tilde{A}_1}^- +\mu_{\tilde{A}_1}^+ -v_{\tilde{A}_1}^- -v_{\tilde{A}_1}^+}{2}\right)+\varepsilon\times\left(1-\frac{\mu_{\tilde{A}_1}^- +\mu_{\tilde{A}_1}^+ +v_{\tilde{A}_1}^- +v_{\tilde{A}_1}^+}{2}\right)$$

$$\Phi_\varepsilon(\tilde{A}_2)=\frac{1}{2}\times\left(1+\frac{\mu_{\tilde{A}_2}^- +\mu_{\tilde{A}_2}^+ -v_{\tilde{A}_2}^- -v_{\tilde{A}_2}^+}{2}\right)+\varepsilon\times\left(1-\frac{\mu_{\tilde{A}_2}^- +\mu_{\tilde{A}_2}^+ +v_{\tilde{A}_2}^- +v_{\tilde{A}_2}^+}{2}\right)$$

于是

$$\begin{aligned}\Phi_\varepsilon(\tilde{A}_1)-\Phi_\varepsilon(\tilde{A}_2)=&\frac{1}{2}\times\left(1+\frac{\mu_{\tilde{A}_1}^- +\mu_{\tilde{A}_1}^+ -v_{\tilde{A}_1}^- -v_{\tilde{A}_1}^+}{2}\right)+\varepsilon\times\left(1-\frac{\mu_{\tilde{A}_1}^- +\mu_{\tilde{A}_1}^+ +v_{\tilde{A}_1}^- +v_{\tilde{A}_1}^+}{2}\right)-\\&\frac{1}{2}\times\left(1+\frac{\mu_{\tilde{A}_2}^- +\mu_{\tilde{A}_2}^+ -v_{\tilde{A}_2}^- -v_{\tilde{A}_2}^+}{2}\right)-\varepsilon\times\left(1-\frac{\mu_{\tilde{A}_2}^- +\mu_{\tilde{A}_2}^+ +v_{\tilde{A}_2}^- +v_{\tilde{A}_2}^+}{2}\right)\\=&\frac{1}{4}(\mu_{\tilde{A}_1}^- +\mu_{\tilde{A}_1}^+ -\mu_{\tilde{A}_2}^- -\mu_{\tilde{A}_2}^+ +v_{\tilde{A}_2}^- +v_{\tilde{A}_2}^+ -v_{\tilde{A}_1}^- -v_{\tilde{A}_1}^+)+\\&\frac{\varepsilon}{2}(\mu_{\tilde{A}_2}^- +\mu_{\tilde{A}_2}^+ -\mu_{\tilde{A}_1}^- -\mu_{\tilde{A}_1}^+ +v_{\tilde{A}_2}^- +v_{\tilde{A}_2}^+ -v_{\tilde{A}_1}^- -v_{\tilde{A}_1}^+)\\=&\frac{1}{2}(0.5-\varepsilon)(\mu_{\tilde{A}_1}^- +\mu_{\tilde{A}_1}^+ -\mu_{\tilde{A}_2}^- -\mu_{\tilde{A}_2}^+)+(0.5+\varepsilon)\\&(v_{\tilde{A}_2}^- +v_{\tilde{A}_2}^+ -v_{\tilde{A}_1}^- -v_{\tilde{A}_1}^+)\end{aligned}$$

因风险态度因子 $\varepsilon\in[-0.5,\ 0.5]$，故有

$$0.5-\varepsilon\geqslant 0,0.5+\varepsilon\geqslant 0$$

于是结合已知条件 $\mu_{\tilde{A}_1}^-\geqslant\mu_{\tilde{A}_2}^-$，$\mu_{\tilde{A}_1}^+\geqslant\mu_{\tilde{A}_2}^+$ 和 $v_{\tilde{A}_1}^-\leqslant v_{\tilde{A}_2}^-$，$v_{\tilde{A}_1}^+\leqslant v_{\tilde{A}_2}^+$，有 $\Phi_\varepsilon(\tilde{A}_2)\leqslant\Phi_\varepsilon(\tilde{A}_1)$。从而结论得证。

基于上述的分析，给出如下的区间直觉模糊数排序的定义。

定义 3.7 设 $\tilde{A}_i=(\tilde{\mu}_{\tilde{A}_i},\tilde{v}_{\tilde{A}_i})\ (i=1,\ 2)$ 为两个任意的区间直觉模糊数，其 Φ 值函数由式（3.33）给出，则它们大小关系定义如下：

(1) 若对于任意 $\varepsilon \in [-0.5, 0.5]$ 均有 $\Phi_\varepsilon(\tilde{A}_1) < \Phi_\varepsilon(\tilde{A}_2)$,则称 $\tilde{A}_1$ 小于 $\tilde{A}_2$,记作:$\tilde{A}_1 < \tilde{A}_2$;

(2) 若对于任意的 $\varepsilon \in [-0.5, 0.5]$ 均有 $\Phi_\varepsilon(\tilde{A}_1) = \Phi_\varepsilon(\tilde{A}_2)$,则称 $\tilde{A}_1$ 等于 $\tilde{A}_2$,记作:$\tilde{A}_1 = \tilde{A}_2$;

(3) 若对于任意的 $\varepsilon \in [-0.5, r] \subset [-0.5, 0.5]$,均有 $\Phi_\varepsilon(\tilde{A}_1) \leqslant \Phi_\varepsilon(\tilde{A}_2)$,而对于任意的正数 $\varepsilon \in [r, 0.5] \subset [-0.5, 0.5]$,均有 $\Phi_\varepsilon(\tilde{A}_1) \geqslant \Phi_\varepsilon(\tilde{A}_2)$,则对风险规避型决策者而言,模糊数 $\tilde{A}_1 \leqslant \tilde{A}_2$;对于乐观型决策者而言,模糊数 $\tilde{A}_1 \geqslant \tilde{A}_2$。

例 3.5 对于两给定的区间直觉模糊集 $\tilde{A}_1 = ([0.4, 0.4], [0.1, 0.1])$ 和 $\tilde{A}_2 = ([0.6, 0.6], [0.36, 0.36])$,相应的得分函数分别为 $S(\tilde{A}_1) = 0.3$ and $S(\tilde{A}_2) = 0.24$,则根据 Xu 和 Chen[201]、Wang 等[202]、Wu 和 Chiclana[203] 提出的方法,结果均为 $\tilde{A}_1 > \tilde{A}_2$。Wang 等[136] 指出此例子合乎常理的结果应为 $\tilde{A}_1 < \tilde{A}_2$。下面用投票选举的例子进行说明:对于两个候选人 $\tilde{A}_1$ 和 $\tilde{A}_2$,投票结果用区间直觉模糊集表示,其中候选人 $\tilde{A}_1$ 的结果为 $\tilde{A}_1 = ([0.4, 0.4], [0.1, 0.1])$,即只有40%的选民投支持票,而 $\tilde{A}_2$ 的投票结果为 $\tilde{A}_2 = ([0.6, 0.6], [0.36, 0.36])$,即有60%的选民投支持票,因此在此种情形下我们认为候选人 $\tilde{A}_2$ 为最佳候选人。下面计算两个区间直觉模糊集的 Φ 值,有 $\Phi_\varepsilon(\tilde{A}_1) = 0.65 + 0.50\varepsilon$ 和 $\Phi_\varepsilon(\tilde{A}_2) = 0.62 + 0.04\varepsilon$,则有 $\Phi_\varepsilon(\tilde{A}_1) - \Phi_\varepsilon(\tilde{A}_2) = 0.03 + 0.46\varepsilon \geqslant 0$,$\varepsilon \in [-0.5, 0.065]$,而当 $\varepsilon \in [0.065, 0.5]$,$\Phi_\varepsilon(\tilde{A}_1) - \Phi_\varepsilon(\tilde{A}_2) \leqslant 0$,则对于悲观或谨慎型决策者排序结果为 $\tilde{A}_1 > \tilde{A}_2$;而对于乐观决策者有排序结果 $\tilde{A}_1 < \tilde{A}_2$,这就从引入决策者风险态度的角度解释了前述文献中排序结果的不同。

例 3.6 给定如下 5 个区间直觉模糊集:$\tilde{\alpha}_1 = \langle [0.6, 0.6], [0.05, 0.10] \rangle$,$\tilde{\alpha}_2 = \langle [0.6, 0.6], [0.10, 0.15] \rangle$,$\tilde{\alpha}_3 = \langle [0.5, 0.55], [0, 0.05] \rangle$,$\tilde{\alpha}_4 = \langle [0.2, 0.25], [0.25, 0.3] \rangle$ 和 $\tilde{\alpha}_5 = \langle [0, 0.05], [0.80, 0.85] \rangle$。利用前面所讨论的各类排序方法进行排序,排序结果见表 3.9。

表 3.9 各类排序函数的计算结果

$\tilde{\alpha}_i$	$S(\tilde{\alpha}_i)$	$H(\tilde{\alpha}_i)$	$AES1(\tilde{\alpha}_i)$			$AES2(\tilde{\alpha}_i)$			$C(\tilde{\alpha}_i)$	$\Phi_\varepsilon(\tilde{\alpha}_i)$	
			$\lambda=0.1$	$\lambda=0.5$	$\lambda=1$	$\lambda=0.1$	$\lambda=0.5$	$\lambda=1$		$\varepsilon=-0.3$	$\varepsilon=0.3$
1	0.525	0.675	0.773	0.763	0.75	0.505	0.525	0.55	0.698	0.665	0.860
2	0.475	0.725	0.748	0.738	0.73	0.455	0.475	0.50	0.686	0.655	0.820
3	0.500	0.550	0.750	0.750	0.75	0.460	0.500	0.55	0.672	0.615	0.885
4	−0.05	0.500	0.475	0.4750	0.48	−0.090	−0.050	0	0.483	0.325	0.625
5	−0.80	0.850	0.100	0.1000	0.10	−0.840	−0.800	−0.75	0.152	0.055	0.145

由表 3.9 可以看出:

(1) Xu 和 Chen[201] 的排序结果为:$\tilde{\alpha}_1 > \tilde{\alpha}_3 > \tilde{\alpha}_2 > \tilde{\alpha}_4 > \tilde{\alpha}_5$;

(2) Wu 和 Chiclana[203]的排序结果为:

1) 当 $\lambda=0.1$ 或 0.5 时，排序结果为: $\tilde{\alpha}_1>\tilde{\alpha}_3>\tilde{\alpha}_2>\tilde{\alpha}_4>\tilde{\alpha}_5$;

2) 当 $\lambda=1$ 时，排序结果为: $\tilde{\alpha}_1=\tilde{\alpha}_3>\tilde{\alpha}_2>\tilde{\alpha}_4>\tilde{\alpha}_5$。

(3) 采用本文所提出的排序函数得到的结论为:

1) 当 $\varepsilon=-0.3$ (风险规避型) 时，排序结果为: $\tilde{\alpha}_1>\tilde{\alpha}_2>\tilde{\alpha}_3>\tilde{\alpha}_4>\tilde{\alpha}_5$;

2) 当 $\varepsilon=0.3$ (乐观型) 时，排序结果为: $\tilde{\alpha}_1>\tilde{\alpha}_3>\tilde{\alpha}_2>\tilde{\alpha}_4>\tilde{\alpha}_5$。

注意到，在大多数实际的选举模型中，$\tilde{\alpha}_2>\tilde{\alpha}_3$ 更符合我们的直觉，而我们做决策时也大部分是风险规避型决策者，本书排序函数 $\varepsilon=-0.3$ 时的结果恰恰也符合直觉结果。这也进一步说明了考虑决策者的风险态度的排序方法的有效性和可行性。

3.3.2 基于新的区间直觉模糊排序函数的多属性决策法

3.3.2.1 区间直觉模糊多属性群决策模型描述

对一个多属性决策问题，如果参与决策的专家不止一个，且属性评估值或属性权重信息中包含有区间直觉模糊数，此时称该问题是一个区间直觉模糊多属性群决策问题。为描述方便，用下列符号表示决策中的集合或量:

$X=\{x_1, x_2, \cdots, x_n\}$: n 个备选方案的集合 ($m\geqslant2$)。

$D=\{D_1, D_2, \cdots, D_s\}$: s 个专家 (决策者) 组成的集合 ($m\geqslant2$)。

$O=\{o_1, o_2, \cdots, o_m\}$: m 个属性组成的集合 ($m\geqslant2$)，其中 o_j 表示第 j 个评价属性。

$\boldsymbol{w}=(w_1, w_2, \cdots, w_m)^{\mathrm{T}}$: 表示属性权重向量，满足 $0\leqslant\omega_j\leqslant1$ $(j=1, 2, \cdots, m)$ 和 $\sum\limits_{j=1}^{m} w_j=1$，其中 ω_j 表示属性 o_j 的重要程度。

$\tilde{x}_{ijk}=\langle\tilde{\mu}_{ijk},\tilde{v}_{ijk}\rangle$: 表示专家 D_k 给出的备选方案 $x_i\in X$ 在属性 $o_j\in O$ 下的属性评估值，且该值为区间直觉模糊数，其中 $\tilde{\mu}_{ijk}=[\mu_{ijk}^-,\mu_{ijk}^+]$ 和 $\tilde{v}_{ijk}=[v_{ijk}^-,v_{ijk}^+]$ 分别为专家 D_k 给出的方案 $x_i\in X$ 相应于属性 $o_j\in O$ 的隶属度 (满意程度) 和非隶属度 (不满意程度)，满足条件 $0\leqslant\mu_{ijk}^-\leqslant\mu_{ijk}^+\leqslant1$，$0\leqslant v_{ijk}^-\leqslant v_{ijk}^+\leqslant1$ 和 $0\leqslant\mu_{ijk}^++v_{ijk}^+\leqslant1$ $(i=1, 2,\cdots, n;\ j=1, 2, \cdots, m)$。

因此该多属性群决策问题决策信息矩阵为

$$\tilde{\boldsymbol{D}}_k=(\langle\tilde{\mu}_{ijk},\tilde{v}_{ijk}\rangle)_{n\times m}=\begin{array}{c} \\ x_1 \\ x_2 \\ \vdots \\ x_n \end{array}\begin{array}{c} \begin{array}{cccc} o_1 & o_2 & \cdots & o_m \end{array} \\ \begin{pmatrix} \langle\tilde{\mu}_{11k},\tilde{v}_{11k}\rangle & \langle\tilde{\mu}_{12k},\tilde{v}_{12k}\rangle & \cdots & \langle\tilde{\mu}_{1mk},\tilde{v}_{1mk}\rangle \\ \langle\tilde{\mu}_{21k},\tilde{v}_{21k}\rangle & \langle\tilde{\mu}_{22k},\tilde{v}_{22k}\rangle & \cdots & \langle\tilde{\mu}_{2mk},\tilde{v}_{2mk}\rangle \\ \vdots & \vdots & \ddots & \vdots \\ \langle\tilde{\mu}_{n1k},\tilde{v}_{n1k}\rangle & \langle\tilde{\mu}_{n2k},\tilde{v}_{n2k}\rangle & \cdots & \langle\tilde{\mu}_{nmk},\tilde{v}_{nmk}\rangle \end{pmatrix} \end{array} \tag{3.34}$$

其中 $k=1, 2, \cdots, s$。

3.3.2.2　属性权重确定方法

在多属性决策问题中，属性权重对决策结果起着非常重要的作用。在多专家组成的群决策问题中，由于各个决策专家的知识背景以及对问题的熟悉程度不同，在进行决策时，每个专家的对各个属性的偏好通常不完全相同。于是在决策中我们应该充分考虑到每个专家的决策信息，然后综合给出最终的决策结果。记 $\boldsymbol{w}^{(k)}=(w_1^{(k)},w_2^{(k)},\cdots,w_m^{(k)})^{\mathrm{T}}$ 表示第 k 个决策专家 $\boldsymbol{D}_k(k=1, 2, \cdots, s)$ 给出的属性权重向量，$\tilde{\boldsymbol{D}}_k=(\langle\tilde{\mu}_{ijk},\tilde{v}_{ijk}\rangle)_{n\times m}$ 为相应于专家 D_k 的决策信息矩阵，由于区间直觉模糊集的加法运算中还存在着一些不足，因此本书避开其加法运算，利用前面定义的 R 函数将区间直觉模糊决策矩阵 $\tilde{\boldsymbol{D}}_k=(\langle\tilde{\mu}_{ijk},\tilde{v}_{ijk}\rangle)_{n\times m}$ 转化为 $\boldsymbol{\Phi}$ 值决策矩阵 $Q_k=(\boldsymbol{\Phi}_{ijk})_{n\times m}$，其中 $\boldsymbol{\Phi}_{ijk}$ 为区间直觉模糊数 $\tilde{x}_{ijk}=\langle\tilde{\mu}_{ijk},\tilde{v}_{ijk}\rangle$ 的 $\boldsymbol{\Phi}$ 值，相应的计算公式为：

$$\boldsymbol{\Phi}_{ijk}=\frac{1}{2}\times\left(1+\frac{\mu_{ijk}^{-}+\mu_{ijk}^{+}-v_{ijk}^{-}-v_{ijk}^{+}}{2}\right)+\varepsilon\times\left(1-\frac{\mu_{ijk}^{-}+\mu_{ijk}^{+}+v_{ijk}^{-}+v_{ijk}^{+}}{2}\right) \tag{3.35}$$

下面将发展一种新的属性权重确定方法。通常属性权重有两种情形：属性权重完全未知和属性权重部分已知。对于第 k 个专家，备选方案 $x_i(i=1, 2, \cdots, n)$ 的综合评价值为：

$$R_{ik}=\sum_{j=1}^{m}w_j^{(k)}\times\left[\frac{1}{2}\times\left(1+\frac{\mu_{ijk}^{-}+\mu_{ijk}^{+}-v_{ijk}^{-}-v_{ijk}^{+}}{2}\right)+\right.$$
$$\left.\varepsilon\times\left(1-\frac{\mu_{ijk}^{-}+\mu_{ijk}^{+}+v_{ijk}^{-}+v_{ijk}^{+}}{2}\right)\right] \tag{3.36}$$

A　属性权重完全未知情形

徐泽水（2002）指出，通过构建优化模型求解属性权重应遵循如下规则[204]：如果所有方案在第 l 个属性下的属性值差异很小，那么该属性对方案排序起的作用很小，此时应赋予该属性较小的权重；相反地，当所有方案在第 l 个属性下的属性值存在较大的差异，则其在排序中占据着非常重要的地位，此时应赋予其较大的权重。特别地，若所有方案在第 l 个属性下的属性值均相等，那么该属性对方案排序起不到任何作用，因此赋予其权重为 0。

对于属性 o_l，方案 x_i 和 x_j 的 $\boldsymbol{\Phi}$ 值的加权偏差平方和可以定义为

$$D_{ij}^{(k)}(w_l^{(k)})=(w_l^{(k)})^2(\boldsymbol{\Phi}_{il}-\boldsymbol{\Phi}_{jl})^2 \tag{3.37}$$

于是相应于属性 o_l 方案 x_i 关于其他所有方案的加权偏差平方和为

$$D_i^{(k)}(w_l^{(k)})=\sum_{j=1}^{n}D_i^{(k)}(w_l^{(k)})=\sum_{j=1}^{n}(w_l^{(k)})^2(\boldsymbol{\Phi}_{il}-\boldsymbol{\Phi}_{jl})^2 \tag{3.38}$$

属性权重的选择就是要使所有评价属性对所有评价方案的 Φ 值加权偏差的平方的总和为最大，即极大化：

$$\max D^{(k)}(w^{(k)}) = \sum_{l=1}^{m}\sum_{i=1}^{n}\sum_{j=1}^{n}(w_l^{(k)})^2(\Phi_{il}-\Phi_{jl})^2$$

$$\text{s. t.}\begin{cases}\sum_{l=1}^{m} w_l^{(k)} = 1\\ w_l^{(k)} \geqslant 0 \quad (l = 1,2,\cdots,m)\end{cases} \tag{3.39}$$

下面利用拉格朗日乘子法进行求解，令

$$L(w^{(k)},\lambda) = \sum_{l=1}^{m}\sum_{i=1}^{n}\sum_{j=1}^{n}(w_l^{(k)})^2(\Phi_{il}-\Phi_{jl})^2 + 2\lambda\left(\sum_{l=1}^{m} w_l^{(k)} - 1\right) \tag{3.40}$$

对函数 $L(w^{(k)},\lambda)$ 求偏导数并令其为零，即

$$\begin{cases}\dfrac{\partial L(w^{(k)},\lambda)}{\partial w_l^{(k)}} = 2\sum_{i=1}^{n}\sum_{j=1}^{n} w_l^{(k)}(\Phi_{il}-\Phi_{jl})^2 + 2\lambda = 0\\ \dfrac{\partial L(w^{(k)},\lambda)}{\partial w_l^{(k)}} = 2\left(\sum_{l=1}^{m} w_l^{(k)} - 1\right) = 0\end{cases} \tag{3.41}$$

求解得到

$$w_l^{(k)} = \frac{1}{J_l\sum_{l=1}^{n} 1/J_l} \quad (l = 1,2,\cdots,m) \tag{3.42}$$

其中

$$J_l = \sum_{i=1}^{n}\sum_{j=1}^{n}(\Phi_{il}-\Phi_{jl})^2 \tag{3.43}$$

B 属性权重部分已知情形

当属性权重信息部分已知，记已知的部分权重信息的数学表达式的集合为 H。属性权重的确定使方案 x_i 的综合得分值 $\Phi_{ik}(w^{(k)})$ 越大越好，因此可以建立如下最优化模型：

$$\Phi_{ik}(w^{(k)}) = \sum_{j=1}^{m} w_j^{(k)}\left[\frac{1}{2}\times\left(1+\frac{\mu_{ijk}^{-}+\mu_{ijk}^{+}-v_{ijk}^{-}-v_{ijk}^{+}}{2}\right)+\varepsilon\times\left(1-\frac{\mu_{ijk}^{-}+\mu_{ijk}^{+}+v_{ijk}^{-}+v_{ijk}^{+}}{2}\right)\right]$$

$$\text{s. t.}\begin{cases}w^{(k)} \in H\\ \sum_{j=1}^{m} w_j^{(k)} = 1\\ w_j^{(k)} \geqslant 0 \quad (j = 1,2,\cdots,m)\end{cases} \tag{3.44}$$

然而，由于备选方案是公平竞争的，因此属性权重的确定要使得所有备选方案的综合得分值都达到最大化，故可以建立如下的最优化模型：

$$\begin{aligned}\Phi_k(w^{(k)}) &= \sum_{i=1}^{n}\Phi_{ik}(w^{(k)})\\ &= \sum_{i=1}^{n}\sum_{j=1}^{m} w_j^{(k)}\left[\frac{1}{2}\times\left(1+\frac{\mu_{ijk}^- + \mu_{ijk}^+ - v_{ijk}^- - v_{ijk}^+}{2}\right)+\right.\\ &\quad \left.\varepsilon\times\left(1-\frac{\mu_{ijk}^- + \mu_{ijk}^+ + v_{ijk}^- + v_{ijk}^+}{2}\right)\right]\end{aligned} \tag{3.45}$$

$$\text{s. t.}\begin{cases} w^{(k)}\in H\\ \sum_{j=1}^{m} w_j^{(k)} = 1\\ w_j^{(k)}\geqslant 0 \quad (j=1,2,\cdots,m)\end{cases}$$

此最优化模型可以借助于 Matlab 最优化工具箱或 LINGO 软件求解，并记求解得到的最优属性权重为 $\boldsymbol{w}^{(k)}=(w_1^{(k)},w_2^{(k)},\cdots,w_m^{(k)})^{\mathrm{T}}$。

3.3.2.3 基于新的排序函数的区间直觉模糊多属性决策法

结合上一节的分析，本节将给出基于 Φ 值函数的区间直觉模糊多属性决策方法，具体步骤如下：

步骤 1 识别、确定方案集 $X=\{x_1,x_2,\cdots,x_n\}$ 和评估属性集合 $O=\{o_1,o_2,\cdots,o_m\}$。

步骤 2 对每一个专家（$k=1$，2，…，s），获取相应的区间直觉模糊信息决策矩阵 $\tilde{\boldsymbol{D}}_k=(\langle\tilde{\mu}_{ijk},\tilde{v}_{ijk}\rangle)_{n\times m}$。

步骤 3 令 $k=1$。

步骤 4 根据式（3.42）或最优化模型式（3.45），求解属性权重向量 $\boldsymbol{w}^{(k)}$。

步骤 5 根据式（3.36），计算各备选方案 x_i 相对应的加权 Φ 值 $\Phi_{ik}(i=1,2,\cdots,n)$。

步骤 6 根据 $\Phi_{ik}(i=1$，2，…，$n)$ 值的大小对备选方案进行排序和择优，$\Phi_i(i=1$，2，…，$n)$ 最大者对应的方案为最优方案。

步骤 7 令 $k=k+1$，重复步骤 4 到步骤 6，直到 $k=s+1$ 为止。

步骤 8 根据对每一个专家 D_k 给出的备选方案的排序结果，利用加权 Borda 函数[205]进行最终决策，其函数形式为

$$BF(x_i)=\sum_{k=1}^{s}u_k N(x_i >_k x_j) \tag{3.46}$$

其中 $>_k$ 表示第 k 个专家的排序结果为：x_i 好于 x_j，而函数 $N(x_i >_k x_j)$ 表示 $x_i >_k x_j$ 的总次数，u_k 表示第 k 个专家的决策权重。

步骤 9　按照 $BF(x_i)$ 从大到小的顺序对备选方案进行排序和择优。

3.3.3　算例分析

例 3.7　设某一个制造公司拟为其在装配过程中最关键部件的采购在全球范围寻找最好的供应商。经过初选有 5 个备选供应商 $A_i(i=1, 2, 3, 4, 5)$，现在公司聘请 4 位专家 D_1，D_2，D_3，D_4 根据以下 5 个评价指标（属性）对供应商进行评估：产品的价格 o_1、产品的质量 o_2、供应商的服务绩效 o_3、供应商的情况 o_4 和风险因素 o_5。经过专家讨论，最后得到备选供应商关于各个属性的评价值，其评价值以区间直觉模糊数给出，见表 3.10 ~ 表 3.13。评估属性的权重信息分为两种情形：

（1）属性权重完全未知；

（2）现假设属性权重信息部分已知，且属性权重满足

$$H=\{w_1\leqslant 0.3, 0.1\leqslant w_2\leqslant 0.2, 0.2\leqslant w_3\leqslant 0.5, 0.1\leqslant w_4\leqslant 0.3$$
$$w_5\leqslant 0.4, w_3-w_2\geqslant w_5-w_4, w_4\geqslant w_1, w_3-w_1\leqslant 0.1\}$$

现在假设 4 位专家的决策权重向量为 $\boldsymbol{u}=(u_1,u_2,u_3,u_4)=(0.25,0.30,0.25,0.20)$，要求用本书所提出的决策方法对这 5 个备选供应商进行排序和择优。

表 3.10　专家 D_1 的区间直觉模糊信息评价矩阵

供应商	评估属性				
	o_1	o_2	o_3	o_4	o_5
x_1	⟨[0.3,0.4], [0.4,0.5]⟩	⟨[0.4,0.5], [0.1,0.3]⟩	⟨[0.4,0.6], [0.2,0.3]⟩	⟨[0.7,0.8], [0.1,0.2]⟩	⟨[0.7,0.8], [0.2,0.4]⟩
x_2	⟨[0.4,0.6], [0.1,0.2]⟩	⟨[0.6,0.7], [0.1,0.2]⟩	⟨[0.2,0.3], [0.3,0.4]⟩	⟨[0.4,0.5], [0.1,0.2]⟩	⟨[0.7,0.8], [0.2,0.2]⟩
x_3	⟨[0.6,0.7], [0.3,0.3]⟩	⟨[0.7,0.8], [0.1,0.2]⟩	⟨[0.4,0.5], [0.4,0.5]⟩	⟨[0.2,0.3], [0.2,0.4]⟩	⟨[0.5,0.6], [0.3,0.4]⟩
x_4	⟨[0.2,0.3], [0.4,0.5]⟩	⟨[0.6,0.7], [0.1,0.2]⟩	⟨[0.5,0.6], [0.1,0.2]⟩	⟨[0.3,0.4], [0.3,0.4]⟩	⟨[0.8,0.9], [0.0,0.1]⟩
x_5	⟨[0.7,0.8], [0.1,0.2]⟩	⟨[0.2,0.3], [0.4,0.5]⟩	⟨[0.3,0.4], [0.4,0.5]⟩	⟨[0.7,0.8], [0.1,0.2]⟩	⟨[0.4,0.5], [0.2,0.3]⟩

表 3.11　专家 D_2 的区间直觉模糊信息评价矩阵

供应商	评估属性				
	o_1	o_2	o_3	o_4	o_5
x_1	⟨[0.4,0.5], [0.3,0.4]⟩	⟨[0.5,0.6], [0.1,0.2]⟩	⟨[0.6,0.7], [0.2,0.3]⟩	⟨[0.6,0.7], [0.1,0.2]⟩	⟨[0.7,0.8], [0.1,0.2]⟩

续表 3.11

供应商	评估属性				
	o_1	o_2	o_3	o_4	o_5
x_2	⟨[0.6,0.7],[0.1,0.2]⟩	⟨[0.5,0.6],[0.2,0.3]⟩	⟨[0.5,0.5],[0.3,0.4]⟩	⟨[0.5,0.6],[0.2,0.3]⟩	⟨[0.6,0.7],[0.2,0.3]⟩
x_3	⟨[0.4,0.5],[0.2,0.3]⟩	⟨[0.6,0.7],[0.2,0.3]⟩	⟨[0.5,0.6],[0.2,0.3]⟩	⟨[0.4,0.5],[0.2,0.3]⟩	⟨[0.5,0.6],[0.1,0.2]⟩
x_4	⟨[0.4,0.5],[0.3,0.4]⟩	⟨[0.7,0.8],[0.1,0.2]⟩	⟨[0.4,0.5],[0.2,0.3]⟩	⟨[0.6,0.7],[0.2,0.3]⟩	⟨[0.6,0.7],[0.2,0.3]⟩
x_5	⟨[0.6,0.7],[0.2,0.3]⟩	⟨[0.4,0.5],[0.3,0.4]⟩	⟨[0.5,0.6],[0.4,0.4]⟩	⟨[0.5,0.6],[0.2,0.3]⟩	⟨[0.4,0.5],[0.2,0.3]⟩

表 3.12　专家 D_3 的区间直觉模糊信息评价矩阵

供应商	评估属性				
	o_1	o_2	o_3	o_4	o_5
x_1	⟨[0.5,0.6],[0.3,0.4]⟩	⟨[0.4,0.5],[0.2,0.3]⟩	⟨[0.5,0.6],[0.3,0.4]⟩	⟨[0.7,0.8],[0.1,0.2]⟩	⟨[0.6,0.7],[0.2,0.3]⟩
x_2	⟨[0.7,0.8],[0.1,0.2]⟩	⟨[0.5,0.6],[0.2,0.3]⟩	⟨[0.5,0.6],[0.3,0.4]⟩	⟨[0.4,0.5],[0.2,0.3]⟩	⟨[0.6,0.7],[0.2,0.3]⟩
x_3	[0.5,0.6],[0.1,0.2]⟩	⟨[0.7,0.8],[0.1,0.2]⟩	⟨[0.6,0.7],[0.2,0.3]⟩	⟨[0.4,0.5],[0.1,0.2]⟩	⟨[0.7,0.8],[0.1,0.2]⟩
x_4	⟨[0.6,0.7],[0.2,0.3]⟩	⟨[0.6,0.7],[0.1,0.2]⟩	⟨[0.4,0.5],[0.3,0.4]⟩	⟨[0.8,0.9],[0.0,0.1]⟩	⟨[0.4,0.5],[0.2,0.3]⟩
x_5	⟨[0.7,0.8],[0.1,0.2]⟩	⟨[0.6,0.7],[0.1,0.2]⟩	⟨[0.6,0.7],[0.2,0.3]⟩	⟨[0.4,0.5],[0.2,0.3]⟩	⟨[0.7,0.8],[0.1,0.2]⟩

表 3.13　专家 D_4 的区间直觉模糊信息评价矩阵

供应商	评估属性				
	o_1	o_2	o_3	o_4	o_5
x_1	⟨[0.3,0.4],[0.3,0.4]⟩	⟨[0.7,0.9],[0.0,0.1]⟩	⟨[0.7,0.8],[0.1,0.2]⟩	⟨[0.4,0.5],[0.4,0.5]⟩	⟨[0.4,0.6],[0.3,0.4]⟩
x_2	⟨[0.7,0.8],[0.1,0.2]⟩	⟨[0.6,0.7],[0.2,0.3]⟩	⟨[0.4,0.5],[0.2,0.3]⟩	⟨[0.7,0.8],[0.1,0.2]⟩	⟨[0.3,0.4],[0.1,0.2]⟩
x_3	⟨[0.4,0.5],[0.1,0.2]⟩	⟨[0.5,0.6],[0.1,0.2]⟩	⟨[0.7,0.8],[0.1,0.2]⟩	⟨[0.5,0.6],[0.1,0.2]⟩	⟨[0.6,0.7],[0.2,0.3]⟩

续表 3.13

供应商	评估属性				
	o_1	o_2	o_3	o_4	o_5
x_4	⟨[0.7,0.8], [0.1,0.2]⟩	⟨[0.4,0.5], [0.1,0.2]⟩	⟨[0.5,0.6], [0.3,0.4]⟩	⟨[0.6,0.7], [0.1,0.2]⟩	⟨[0.7,0.8], [0.1,0.2]⟩
x_5	⟨[0.6,0.7], [0.1,0.2]⟩	⟨[0.7,0.8], [0.1,0.2]⟩	⟨[0.6,0.7], [0.1,0.2]⟩	⟨[0.6,0.7], [0.1,0.2]⟩	⟨[0.7,0.9], [0.0,0.1]⟩

情形 1　（属性权重完全未知）

根据式（3.42），求解属性权重向量 $\boldsymbol{w}^{(k)}$；然后根据式（3.36），取 $\varepsilon = -0.3$，计算各备选方案 x_i 相对应的加权 Φ 值 $\Phi_{ik}(i=1,2,\cdots,n)$，根据 $\Phi_{ik}(i=1,2,\cdots,n)$ 大小顺序得到各专家的评价结果，相关计算结果见表 3.14。加权 Borda 得分及最终评价结果见表 3.15。

表 3.14　属性权重完全未知情形下的各专家评价结果

专家	属性权重向量 $\boldsymbol{w}^{(k)}$	综合得分向量	排序结果
D_1	(0.1326,0.1405,0.3878, 0.1191,0.2199)	(0.5926,0.5308,0.5439, 0.6148,0.5086)	$x_4 > x_1 > x_3 > x_2 > x_5$
D_2	(0.1309,0.1250,0.3405, 0.2567,0.1470)	(0.6588,0.5944,0.5719, 0.6045,0.5660)	$x_1 > x_4 > x_2 > x_3 > x_5$
D_3	(0.2351,0.1918,0.3327, 0.0676,0.1728)	(0.5893,0.6341,0.6829, 0.5998,0.7038)	$x_5 > x_3 > x_2 > x_4 > x_1$
D_4	(0.1331,0.2317,0.2417, 0.2612,0.1324)	(0.6259,0.6416,0.6460, 0.6452,0.7271)	$x_5 > x_4 > x_3 > x_2 > x_1$

表 3.15　加权 Borda 函数及最终评价结果

供应商	第 k 个专家给出的 $x_i >_k x_j$ 的得分				加权 Borda 得分
	D_1	D_2	D_3	D_4	
x_1	3	4	0	0	1.95
x_2	1	2	2	1	1.55
x_3	2	1	3	2	1.95
x_4	4	3	1	3	2.75
x_5	0	0	4	4	1.80

根据表 3.15，各备选供应商的最终评价结果为 $x_4 > x_3 = x_1 > x_5 > x_2$，最优备选供应商为 x_4。

情形 2　（属性权重信息部分已知情形）

根据最优化模型式（3.45），求解属性权重向量 $w^{(k)}$；然后根据式（3.36），取 $\varepsilon=-0.3$，计算各备选方案 x_i 相对应的加权 Φ 值 $\Phi_{ik}(i=1,2,\cdots,n)$，根据 $\Phi_{ik}(i=1,2,\cdots,n)$ 大小顺序得到各专家的评价结果，相关计算结果见表3.16。加权 Borda 得分及最终评价结果见表3.17。

表 3.16　属性权重信息部分已知情形下的各专家评价结果

专家	属性权重向量 $w^{(k)}$	综合得分向量	排序结果
D_1	(0.10,0.10,0.20,0.25,0.35)	(0.6525,0.5905,0.5215,0.6290,0.5610)	$x_1>x_4>x_2>x_5>x_3$
D_2	(0.10,0.10,0.20,0.25,0.35)	(0.6860,0.6160,0.5770,0.6300,0.5540)	$x_1>x_4>x_2>x_3>x_5$
D_3	(0.20,0.10,0.20,0.20,0.30)	(0.6340,0.6300,0.6700,0.6280,0.6900)	$x_5>x_3>x_1>x_2>x_4$
D_4	(0.16,0.20,0.26,0.16,0.22)	(0.6236,0.6120,0.6520,0.6572,0.7368)	$x_5>x_4>x_3>x_1>x_2$

表 3.17　属性权重信息部分已知情形下的加权 Borda 函数及最终评价结果

供应商	第 k 个专家给出的 $x_i>_k x_j$ 的得分				加权 Borda 得分
	D_1	D_2	D_3	D_4	
x_1	4	4	2	1	2.90
x_2	2	2	1	0	1.35
x_3	0	1	3	2	1.45
x_4	3	3	0	3	2.25
x_5	1	0	4	4	2.05

根据表3.17，各备选供应商的最终评价结果为 $x_1>x_4>x_5>x_3>x_2$，最优备选供应商为 x_1。

在此例的数据下，分别讨论了属性权重完全未知和属性权重部分已知两种情形的最优方案选择问题，发现属性权重对决策结果的影响还是很大的，所以在实际应用中，要谨慎确定属性的权重，除非对属性重要程度完全不了解，否则慎用属性权重完全未知情形的权重确定方法。

3.4　考虑决策者风险态度的直觉梯形模糊数排序函数及决策研究

3.4.1　新的直觉梯形模糊排序函数的提出

模糊数是模糊集的特例，关于区间模糊数以及三角模糊数的研究已经应用到各个领域，直觉模糊数作为模糊数的推广，尽管有其自由的优势，但是它不能很好描述属性的具体数值情况。为将直觉模糊集从离散情形发展到连续情形，Shu 等[33]定义了一类直觉三角模糊数并发展了一类直觉模糊失效树分析方法。由于三角模糊数只是梯形模糊数的一个特殊情形，于是王坚强和张忠[34]给出了直觉梯形模糊数的概念。直觉梯形模糊数通过增加一个梯形模糊数 $[a, b, c, d]$，使得直觉模糊集的隶属度和非隶属度不再只是刻画一些“好”“优秀”等相对模糊的概念，而是刻画相对于梯形模糊数的隶属度和非隶属度程度，这样决策者就能更加准确地给出属性的不同物理量纲的评价信息[205]。直觉三角模糊数是直觉梯形模糊数的特例，Wang 等[206,207]分别提出了基于证据理论的和新的信息集结算子的直觉三角模糊数型多属性决策方法。

在实际的决策问题中，由于决策者自身的条件和外部环境的不同，在决策过程常伴有不同的风险偏好（态度）。一般来说，决策者的不同风险偏好常会导致不同的决策结果。已经有一些学者在模糊多属性决策问题的研究中考虑了决策者不同风险偏好对决策的影响[208~210]。然而将决策者的风险态度考虑到直觉梯形模糊数型多属性决策研究的成果还不多，在本节的直觉梯形模糊数多属性决策研究中，拟将决策者的风险态度考虑到决策过程，提出一种新的直觉梯形模糊数排序方法。

定义 3.8 设 $\tilde{a}$ 和 $\tilde{b}$ 为两个任意的模糊数，则对任意的 $\alpha \in [0, 1]$，$\tilde{a}$ 和 $\tilde{b}$ 的 α-截集分别定义为：$\tilde{a}_\alpha = [a^{L}(\alpha), a^{U}(\alpha)]$ 和 $\tilde{b}_\alpha = [b^{L}(\alpha), b^{U}(\alpha)]$，则 $\tilde{a}$ 和 $\tilde{b}$ 的大小关系规定如下：

$$\tilde{a} \leqslant \tilde{b}, \text{当且仅当}, \text{对} \forall \alpha \in [0,1], a^{L}(\alpha) \leqslant b^{L}(\alpha) \text{和} a^{U}(\alpha) \leqslant b^{U}(\alpha)$$

注 3.4 由于对两个任意的直觉梯形模糊数 $\tilde{A}$ 和 $\tilde{B}$，其大小关系是可以通过其 α-截集和 β-截集来度量的，而 $\tilde{A}$ 和 $\tilde{B}$ 的截集为区间数，且 α，$\beta \in [0, 1]$ 都是任意取值的，故为消除 α 和 β 的任意性，定义 3.9 提出一种新的考虑决策者风险态度的直觉梯形模糊数的排序函数。

定义 3.9 设 $\tilde{A} = \langle (a,b,c,d); \mu_{\tilde{A}}, v_{\tilde{A}} \rangle$ 为一任意直觉梯形模糊数，设 $P_1(\alpha)$ 和 $P_2(\beta)$ 分别是定义在闭区间 $[0, 1]$ 上的任意单调递增和单调递减的可测函数，对于任意的 $\varepsilon \in [-0.5, 0.5]$，定义函数 $F(A, \varepsilon)$ 如下：

$$F(\tilde{A},\varepsilon) = \int_0^{\mu_{\tilde{A}}} [(0.5-\varepsilon)\tilde{A}_\alpha^{L} + (0.5+\varepsilon)\tilde{A}_\alpha^{U}]\mathrm{d}P_1(\alpha) + \int_{v_{\tilde{A}}}^{1} [(0.5-\varepsilon)\tilde{A}_\beta^{L} + (0.5+\varepsilon)\tilde{A}_\beta^{U}]\mathrm{d}P_2(\beta) \tag{3.47}$$

称 $F(\tilde{A}, \varepsilon)$ 为考虑决策者心态的广义直觉梯形模糊数的排序函数。

排序函数 $F(\tilde{A}, \varepsilon)$ 具有如下有用的性质：

定理 3.10 设 $\tilde{A}_1 = \langle (a_1,b_1,c_1,d_1); \mu_{\tilde{A}_1}, v_{\tilde{A}_1} \rangle$ 和 $\tilde{A}_2 = \langle (a_2,b_2,c_2,d_2); \mu_{\tilde{A}_2}, v_{\tilde{A}_2} \rangle$ 为两个任意的直觉梯形模糊数，相应的排序函数分别为 $F(\tilde{A}_1,\varepsilon)$ 和 $F(\tilde{A}_2,\varepsilon)$，$\varepsilon \in [-0.5, 0.5]$。若 $\mu_{\tilde{A}_1} = \mu_{\tilde{A}_2}$，$v_{\tilde{A}_1} = v_{\tilde{A}_2}$，$k_1$，$k_2$ 为正实数，则

$$F(k_1\tilde{A}_1+k_2\tilde{A}_2,\varepsilon)=k_1F(\tilde{A}_1,\varepsilon)+k_2F(\tilde{A}_2,\varepsilon) \tag{3.48}$$

证明：由于

$$k_1\tilde{A}_1+k_2\tilde{A}_2=\langle(k_1a_1+k_2a_2,k_1b_1+k_2b_2,k_1c_1+k_2c_2,k_1d_1+k_2d_2),\mu_{\tilde{A}_1},v_{\tilde{A}_1}\rangle$$

故 $k_1\tilde{A}_1+k_2\tilde{A}_2$ 仍为直觉梯形模糊数。

令 $\tilde{B}=k_1\tilde{A}_1+k_2\tilde{A}_2$，则有

（1）α-截集为 $\tilde{B}_\alpha=[\tilde{B}^{\mathrm{L}}_\alpha,\ \tilde{B}^{\mathrm{U}}_\alpha]$，其中

$$\tilde{B}^{\mathrm{L}}_\alpha=k_1a_1+k_2a_2+\frac{[(k_1b_1+k_2b_2)-(k_1a_1-k_2a_2)]\alpha}{\mu_{\tilde{A}_1}}=k_1(\tilde{A}_1)^{\mathrm{L}}_\alpha+k_2(\tilde{A}_2)^{\mathrm{L}}_\alpha,$$

$$\tilde{B}^{\mathrm{U}}_\alpha=k_1d_1+k_2d_2-\frac{[(k_1d_1+k_2d_2)-(k_1c_1+k_2c_2)]\alpha}{\mu_{\tilde{A}_1}}=k_1(\tilde{A}_1)^{\mathrm{U}}_\alpha+k_2(\tilde{A}_2)^{\mathrm{U}}_\alpha$$

（2）β-截集为 $\tilde{B}_\beta=[\tilde{B}^{\mathrm{L}}_\beta,\tilde{B}^{\mathrm{U}}_\beta]$，其中

$$\tilde{B}^{\mathrm{L}}_\beta=k_1a_1+k_2a_2+\frac{[(k_1b_1+k_2b_2)-(k_1a_1-k_2a_2)](1-\beta)}{1-v_{\tilde{A}_1}}=k_1(\tilde{A}_1)^{\mathrm{L}}_\beta+k_2(\tilde{A}_2)^{\mathrm{L}}_\beta,$$

$$\tilde{B}^{\mathrm{U}}_\beta=k_1d_1+k_2d_2-\frac{[(k_1d_1+k_2d_2)-(k_1c_1+k_2c_2)](1-\beta)}{1-v_{\tilde{A}_1}}=k_1(\tilde{A}_1)^{\mathrm{U}}_\beta+k_2(\tilde{A}_2)^{\mathrm{U}}_\beta$$

根据式（3.47），有

$$\begin{aligned}
F(k_1\tilde{A}_1+k_2\tilde{A}_2,\varepsilon) &= F(\tilde{B},\varepsilon)\\
&=\int_0^{\mu_{\tilde{A}}}[(0.5-\varepsilon)\tilde{B}^{\mathrm{L}}_\alpha+(0.5+\varepsilon)\tilde{B}^{\mathrm{U}}_\alpha]\mathrm{d}P_1(\alpha)+\\
&\quad\int_{v_{\tilde{A}}}^1[(0.5-\varepsilon)\tilde{B}^{\mathrm{L}}_\beta+(0.5+\varepsilon)\tilde{B}^{\mathrm{U}}_\beta]\mathrm{d}P_2(\beta)\\
&=\int_0^{\mu_{\tilde{A}}}\{(0.5-\varepsilon)[k_1(\tilde{A}_1)^{\mathrm{L}}_\alpha+k_2(\tilde{A}_2)^{\mathrm{L}}_\alpha]+(0.5+\varepsilon)[k_1(\tilde{A}_1)^{\mathrm{U}}_\alpha+\\
&\quad k_2(\tilde{A}_2)^{\mathrm{U}}_\alpha]\}\mathrm{d}P_1(\alpha)+\int_{v_{\tilde{A}}}^1\{(0.5-\varepsilon)[k_1(\tilde{A}_1)^{\mathrm{L}}_\beta+k_2(\tilde{A}_2)^{\mathrm{L}}_\beta]+\\
&\quad(0.5+\varepsilon)[k_1(\tilde{A}_1)^{\mathrm{U}}_\beta+k_2(\tilde{A}_2)^{\mathrm{U}}_\beta]\}\mathrm{d}P_2(\beta)\\
&=k_1\times\{\int_0^{\mu_{\tilde{A}}}[(0.5-\varepsilon)(\tilde{A}_1)^{\mathrm{L}}_\alpha+(0.5+\varepsilon)(\tilde{A}_1)^{\mathrm{U}}_\alpha]\mathrm{d}P_1(\alpha)+\\
&\quad\int_{v_{\tilde{A}}}^1[(0.5-\varepsilon)(\tilde{A}_1)^{\mathrm{L}}_\beta+(0.5+\varepsilon)(\tilde{A}_1)^{\mathrm{U}}_\beta]\mathrm{d}P_2(\beta)\}+\\
&\quad k_2\times\{\int_0^{\mu_{\tilde{A}}}[(0.5-\varepsilon)(\tilde{A}_2)^{\mathrm{L}}_\alpha+(0.5+\varepsilon)(\tilde{A}_2)^{\mathrm{U}}_\alpha]\mathrm{d}P_1(\alpha)+\\
&\quad\int_{v_{\tilde{A}}}^1[(0.5-\varepsilon)(\tilde{A}_2)^{\mathrm{L}}_\beta+(0.5+\varepsilon)(\tilde{A}_2)^{\mathrm{U}}_\beta]\mathrm{d}P_2(\beta)\}\\
&=k_1F(\tilde{A}_1,\varepsilon)+k_2F(\tilde{A}_2,\varepsilon)
\end{aligned}$$

因而定理得证。

注 3.5　（1）显然，当 $k_1=k_2=1$ 时，有

$$F(\tilde{A}_1+\tilde{A}_2,\varepsilon)=F(\tilde{A}_1,\varepsilon)+F(\tilde{A}_2,\varepsilon) \tag{3.49}$$

(2) 当$P_1(\alpha)=\alpha^{r+1}$，$P_2(\beta)=(1-\beta)^{r+1}$时，有

$$F_1(A,\varepsilon)=\int_0^{\mu_{\tilde{A}}}[(0.5-\varepsilon)A_\alpha^{\mathrm{L}}+(0.5+\varepsilon)A_\alpha^{\mathrm{U}}]\mathrm{d}\alpha^{r+1}$$

$$=\int_0^{\mu_{\tilde{A}}}\left\{(0.5-\varepsilon)\left[a+\frac{(b-a)\alpha}{\mu_{\tilde{A}}}\right]+(0.5+\varepsilon)\left[d-\frac{(d-c)\alpha}{\mu_{\tilde{A}}}\right]\right\}\mathrm{d}\alpha^{r+1}$$

$$=\int_0^{\mu_{\tilde{A}}}\left\{(0.5-\varepsilon)\left[a+\frac{(b-a)\alpha}{\mu_{\tilde{A}}}\right]+(0.5+\varepsilon)\left[d-\frac{(d-c)\alpha}{\mu_{\tilde{A}}}\right]\right\}(r+1)\alpha^r\mathrm{d}\alpha$$

$$=[(0.5-\varepsilon)a+(0.5+\varepsilon)d]\mu_{\tilde{A}}^{r+1}+\int_0^{\mu_{\tilde{A}}}[(0.5-\varepsilon)(b-a)+(0.5+\varepsilon)(c-d)](r+1)\alpha^{r+1}\mathrm{d}\alpha$$

$$=[(0.5-\varepsilon)a+(0.5+\varepsilon)d]\mu_{\tilde{A}}^{r+1}+\frac{r+1}{r+2}[(0.5-\varepsilon)(b-a)+(0.5+\varepsilon)(c-d)]\mu_{\tilde{A}}^{r+1}$$

$$=\frac{1}{r+2}[(0.5-\varepsilon)a+(r+1)(0.5-\varepsilon)b+(r+1)(0.5+\varepsilon)c+(0.5+\varepsilon)d]\mu_{\tilde{A}}^{r+1}$$

$$F_2(\tilde{A},\varepsilon)=\int_{v_{\tilde{A}}}^1[(0.5-\varepsilon)A_\beta^{\mathrm{L}}+(0.5+\varepsilon)A_\beta^{\mathrm{U}}]\mathrm{d}(1-\beta)^{r+1}$$

$$=\int_{v_{\tilde{A}}}^1\left\{(0.5-\varepsilon)\left[a+\frac{(b-a)(1-\beta)}{1-v_{\tilde{A}}}\right]+(0.5+\varepsilon)\left[d-\frac{(d-c)(1-\beta)}{1-v_{\tilde{A}}}\right]\right\}\mathrm{d}(1-\beta)^{r+1}$$

$$=\int_{v_{\tilde{A}}}^1\left\{(0.5-\varepsilon)\left[a+\frac{(b-a)(1-\beta)}{1-v_{\tilde{A}}}\right]+(0.5+\varepsilon)\left[d-\frac{(d-c)(1-\beta)}{1-v_{\tilde{A}}}\right]\right\}(r+1)(1-\beta)^r\mathrm{d}(1-\beta)$$

$$=[(0.5-\varepsilon)a+(0.5+\varepsilon)d](1-v_{\tilde{A}})^{r+1}+\int_0^1\frac{(0.5-\varepsilon)(b-a)+(0.5+\varepsilon)(c-d)}{1-v_{\tilde{A}}}(r+1)(1-\beta)^{r+1}\mathrm{d}(1-\beta)$$

$$=[(0.5-\varepsilon)a+(0.5+\varepsilon)d](1-v_{\tilde{A}})^{r+1}+\frac{r+1}{r+2}[(0.5-\varepsilon)(b-a)+(0.5+\varepsilon)(c-d)](1-v_{\tilde{A}})^{r+1}$$

$$=\frac{1}{r+2}[(0.5-\varepsilon)a+(r+1)(0.5-\varepsilon)b+(r+1)(0.5+\varepsilon)c+(0.5+\varepsilon)d](1-v_{\tilde{A}})^{r+1}$$

从而当 $P_1(\alpha)=\alpha^{r+1}, P_2(\beta)=(1-\beta)^{r+1}$ 时，考虑决策者风险态度的直觉梯形模糊数排序函数为

$$F(A,\varepsilon)=\frac{1}{r+2}[(0.5-\varepsilon)a+(r+1)(0.5-\varepsilon)b+(r+1)(0.5+\varepsilon)c+(0.5+\varepsilon)d]\times[\mu_{\tilde{A}}^{r+1}+(1-v_{\tilde{A}})^{r+1}] \quad (3.50)$$

（3）特别地，当 $r=0$，$\varepsilon=0$ 时，$F(\tilde{A},\varepsilon)=\frac{1}{4}(a+b+c+d)\times(1+\mu_{\tilde{A}}-v_{\tilde{A}})$，为 Wang 和 Zhang（2009）定义的直觉梯形模糊数的期望值[187]；当 $r=1$，$\varepsilon=0$ 时，$F(\tilde{A},\varepsilon)=\frac{1}{6}(a+2b+2c+d)\times[\mu_{\tilde{A}}^2+(1-v_{\tilde{A}})^2]$，为李登峰（2010）提出的直觉梯形模糊数的加权均值和模糊度的排序函数[191]。

定义 3.10　设 $\tilde{A}_1=\langle(a_1,b_1,c_1,d_1),\mu_{\tilde{A}_1},v_{\tilde{A}_1}\rangle$ 和 $\tilde{A}_2=\langle(a_2,b_2,c_2,d_2),\mu_{\tilde{A}_2},v_{\tilde{A}_2}\rangle$ 为两个任意的直觉梯形模糊数，根据定义 3.8，$\tilde{A}_1$ 和 $\tilde{A}_2$ 的大小关系定义如下：

（1）若对于任意的实数 $\varepsilon\in[-0.5, 0.5]$ 均有 $F(\tilde{A}_1,\varepsilon)\leqslant F(\tilde{A}_2, \varepsilon)$，则称 $\tilde{A}_1$ 小于 $\tilde{A}_2$，记作：$\tilde{A}_1\leqslant\tilde{A}_2$；

（2）若对于任意的实数 $\varepsilon\in[-0.5, 0.5]$ 均有 $F(\tilde{A}_1,\varepsilon)=F(\tilde{A}_2, \varepsilon)$，则称 $\tilde{A}_1$ 等于 $\tilde{A}_2$，记作：$\tilde{A}_1=\tilde{A}_2$；

（3）若对于任意的实数 $\varepsilon\in[-0.5,r]\subset[-0.5,0.5]$，均有 $F(\tilde{A}_1,\varepsilon)\leqslant F(\tilde{A}_2, \varepsilon)$，而对于任意的实数 $\varepsilon\in[r,0.5]\subset[-0.5, 0.5]$，均有 $F(\tilde{A}_1, \varepsilon)\geqslant F(\tilde{A}_2, \varepsilon)$，则对风险规避型决策者而言，模糊数 $\tilde{A}_1\leqslant\tilde{A}_2$；对于乐观型决策者而言，模糊数 $\tilde{A}_1\geqslant\tilde{A}_2$。

3.4.2　基于新的排序函数的直觉梯形模糊多属性决策法

针对评估属性值为直觉梯形模糊数和属性权重信息部分已知情形，本书将发展一类基于新的排序函数的直觉梯形模糊多属性决策方法。

3.4.2.1　直觉梯形模糊多属性模型介绍

对一个多属性决策问题，如果参与决策的专家不止一个，且属性评估值或属性权重信息中包含有直觉梯形模糊数，此时称该问题是一个直觉梯形模糊数型多属性群决策问题。为描述方便，下列符号表示决策中的集合或量：

$A=\{A_1, A_2, \cdots, A_m\}$：$m$ 个备选方案的集合（$m\geqslant2$）。

$D=\{P_1, P_2, \cdots, P_k\}$：$k$ 个专家（决策者）组成的集合（$k\geqslant2$）。

$O=\{o_1, o_2, \cdots, o_n\}$：$n$ 个属性组成的集合（$m\geqslant2$），其中 o_j 表示第 j 个评价属性。

$\boldsymbol{w}=(w_1, w_2, \cdots, w_m)^{\mathrm{T}}$：表示属性权重向量。这是因为在决策过程中，不同的属性通常有不同的权重。根据决策问题的不同以及决策者的经验以及对问题

的熟悉程度，可以以事先给出部分属性权重信息。这里 $w_j \geq 0$ 为属性 $o_j(j=1, 2, \cdots, n)$ 的权重信息，满足 $w_j \geq 0$ $(j=1, 2, \cdots, n)$ 和 $\sum_{j=1}^{n} w_j = 1$。当属性权重信息部分已知时，记已知的部分权重信息的数学表达式的集合为 H。

$\tilde{a}_{ij}^{(t)} = \langle (a_{1ij}^{(t)}, a_{2ij}^{(t)}, a_{3ij}^{(t)}, a_{4ij}^{(t)}); \mu_{ij}^{(t)}, v_{ij}^{(t)} \rangle$：表示专家 P_t 给出的方案 A_i 在属性 o_j 下的评价值。这里 $\mu_{ij}^{(t)}$，$v_{ij}^{(t)}$ 分别表示专家 P_t 给出方案 A_i 在指标 o_j 下的值隶属于、不属于梯形模糊数（$a_{1ij}^{(t)}$，$a_{2ij}^{(t)}$，$a_{3ij}^{(t)}$，$a_{4ij}^{(t)}$）的程度，满足 $0 \leq \mu_{ij}^{(t)} \leq 1$，$0 \leq v_{ij}^{(t)} \leq 1$，$0 \leq \mu_{ij}^{(t)} + v_{ij}^{(t)} \leq 1$。

$\boldsymbol{v} = (v_1, v_2, \cdots, v_k)^{\mathrm{T}}$：表示决策权重向量。事实上，在通常的决策中由于不同决策专家的地位、知识以及对问题的熟悉程度不同，在制定决策时，通常会赋予它们不同的权重系数。其中 $v_t(t=1, 2, \cdots, k)$ 为第 t 个专家的权重，满足 $0 \leq v_t \leq 1(t=1, 2, \cdots, k)$ 和 $\sum_{t=1}^{k} v_t = 1$。

因而得到专家 P_t 给出的直觉模糊决策矩阵 $\tilde{\boldsymbol{A}}^{(t)} = (\tilde{a}_{ij}^{(t)})_{m \times n}(t=1,2,\cdots,k)$。

为了消除不同物理量纲对决策结果的影响，需要对决策矩阵进行规范化处理。最常见的属性类型为效益型和成本型。因此需将决策矩阵 $\tilde{\boldsymbol{A}}^{(t)} = (\tilde{a}_{ij}^{(t)})_{m \times n}$ 转化为规范化矩阵 $\tilde{\boldsymbol{R}}^{(t)} = (\tilde{r}_{ij}^{(t)})_{m \times n}$，其中 $\tilde{r}_{ij}^{(t)} = \langle (r_{1ij}^{(t)}, r_{2ij}^{(t)}, r_{3ij}^{(t)}, r_{4ij}^{(t)}); \mu_{ij}^{(t)}, v_{ij}^{(t)} \rangle$，这里采用如下的规范决策矩阵的计算公式：

当属性 o_j 为效益型属性时，

$$(r_{1ij}^{(t)}, r_{2ij}^{(t)}, r_{3ij}^{(t)}, r_{4ij}^{(t)}) = \left(\frac{a_{1ij}^{(t)}}{a_{4j}^{(t)+}}, \frac{a_{2ij}^{(t)}}{a_{3j}^{(t)+}}, \frac{a_{3ij}^{(t)}}{a_{2j}^{(t)+}} \wedge 1, \frac{a_{4ij}^{(t)}}{a_{1j}^{(t)+}} \wedge 1 \right) \tag{3.51}$$

当属性 o_j 为成本型属性时，

$$(r_{1ij}^{(t)}, r_{2ij}^{(t)}, r_{3ij}^{(t)}, r_{4ij}^{(t)}) = \left(\frac{a_{1j}^{(t)-}}{a_{4ij}^{(t)}}, \frac{a_{2j}^{(t)-}}{a_{3ij}^{(t)}}, \frac{a_{3j}^{(t)-}}{a_{2ij}^{(t)}} \wedge 1, \frac{a_{4j}^{(t)-}}{a_{1ij}^{(t)}} \wedge 1 \right) \tag{3.52}$$

其中 $a_{qj}^{(t)+} = \max\{h_{qij}^{(t)} \mid i=1,2,\cdots,m\}, a_{qj}^{(t)-} = \min\{a_{qij}^{(t)} \mid i=1,2,\cdots,m\} (q=1,2,3,4)$，$\wedge$ 表示取小运算。

注 3.6 本书所采用的规范化方法能够保证规范化后的梯形模糊数满足 $0 \leq r_{1ij}^{(t)} \leq r_{2ij}^{(t)} \leq r_{3ij}^{(t)} \leq r_{4ij}^{(t)} \leq 1$。然而，如果采用文献［34］关于成本型属性（具有属性值越小越好的特点）的规范化方法：

$$r_{qij} = \frac{\max\limits_{j}\{h_{4ij}\} - h_{qij}}{\max\limits_{j}\{h_{4ij}\} - \min\limits_{j}\{h_{1ij}\}} \quad (q=1,2,3,4) \tag{3.53}$$

得到的模糊数（r_{1ij}，r_{2ij}，r_{3ij}，r_{4ij}）有时并不是一个梯形模糊数。例如设某决策问题包含两个备选方案和两个成本型属性 o_1 和 o_2。设对于属性 o_1 两个方案的评价值分别为〈(1, 2, 3, 4); 0.7, 0.2〉和〈(2, 3, 5, 6); 0.5, 0.4〉，若采用规范化方法式（3.52），得规范化的结果为$\langle(1, 0.8, 0.6, 0.4); 0.7, 0.2\rangle$和$\langle(0.8, 0.6, 0.2, 0); 0.5, 0.4\rangle$。显然（1，0.8，0.6，0.4）和（0.8，0.6，0.2，0）不是一个梯形模糊数，因为梯形模糊数（a，b，c，d）应满足$a \leqslant b \leqslant c \leqslant d$。因此$\langle(1, 0.8, 0.6, 0.4); 0.7, 0.2\rangle$和$\langle(0.8, 0.6, 0.2, 0); 0.5, 0.4\rangle$也不是直觉梯形模糊数，为此文献［34］的规范化方法存在着不足之处。然而本书所采用的直觉模糊数规范化方法得到的模糊数仍是直觉模糊数。

由于是由多个决策专家共同决策的群决策问题，因此需要将专家的决策信息进行集结，在本书中选定如下加权集结方式：

$$\begin{aligned}\tilde{r}_{ij} &= \langle(r_{1ij}, r_{2ij}, r_{3ij}, r_{4ij}); \mu_{ij}, v_{ij}\rangle = \sum_{t=1}^{k} v_t \tilde{r}_{ij}^{(t)} \\ &= \sum_{t=1}^{k} \langle(v_t r_{1ij}^{(t)}, v_t r_{2ij}^{(t)}, v_t r_{3ij}^{(t)}, v_t r_{4ij}^{(t)}); \mu_{ij}^{(t)}, v_{ij}^{(t)}\rangle \\ &= \langle(\sum_{t=1}^{k} v_t r_{1ij}^{(t)}, \sum_{t=1}^{k} v_t r_{2ij}^{(t)}, \sum_{t=1}^{k} v_t r_{3ij}^{(t)}, \sum_{t=1}^{k} v_t r_{4ij}^{(t)}); \bigwedge_t \mu_{ij}^{(t)}, \bigvee_t v_{ij}^{(t)}\rangle \end{aligned} \tag{3.54}$$

设属性权重向量为$\boldsymbol{w} = (w_1, w_2, \cdots, w_n)$，满足$\sum_{j=1}^{n} w_j = 1$，$w_j \geqslant 0$，$j = 1, 2, \cdots, n$。

$$\begin{aligned} w_j \tilde{r}_{ij} &= \langle(w_j r_{1ij}, w_j r_{2ij}, w_j r_{3ij}, w_j r_{4ij}); \mu_{ij}^{w_j}, (1 - v_{ij})^{w_j}\rangle = \sum_{t=1}^{k} w_j v_t \tilde{r}_{ij}^{(t)} \\ &= \sum_{t=1}^{k} \langle(w_j v_t r_{1ij}^{(t)}, w_j v_t r_{2ij}^{(t)}, w_j v_t r_{3ij}^{(t)}, w_j v_t r_{4ij}^{(t)}); \mu_{ij}^{(t)}, v_{ij}^{(t)}\rangle \\ &= \langle(\sum_{t=1}^{k} w_j v_t r_{1ij}^{(t)}, \sum_{t=1}^{k} w_j v_t r_{2ij}^{(t)}, \sum_{t=1}^{k} w_j v_t r_{3ij}^{(t)}, \sum_{t=1}^{k} w_j v_t r_{4ij}^{(t)}); \bigwedge_t \mu_{ij}^{(t)}, \bigvee_t v_{ij}^{(t)}\rangle \end{aligned} \tag{3.55}$$

本节将对属性权重信息部分已知情形，发展基于排序函数的直觉梯形模糊数型多属性决策中属性权重的建模求解方法。设已知的部分属性权重信息集合为H。在直觉梯形模糊数排序函数式（3.50）中，$P_1(\alpha) = \alpha^{r+1}$，$P_2(\beta) = (1 - \beta)^{r+1}$，则对每个备选方案$A_i$而言，其综合排序函数值为

$$\begin{aligned} F(A_i, \varepsilon) &= F(\sum_{j=1}^{n} w_j \tilde{r}_{ij}, \varepsilon) \\ &= \frac{1}{r+2} \sum_{t=1}^{k} \sum_{j=1}^{n} v_t w_j [(0.5 - \varepsilon) r_{1ij}^{(t)} + (r+1)(0.5 - \varepsilon) r_{2ij}^{(t)} + \\ &\quad (r+1)(0.5 + \varepsilon) r_{3ij}^{(t)} + (0.5 + \varepsilon) r_{4ij}^{(t)}] \times [(\bigwedge_t \mu_{ij}^{(t)})^{r+1} + \\ &\quad (1 - \bigvee_t v_{ij}^{(t)})^{r+1}] \end{aligned} \tag{3.56}$$

属性权重的确定原则应该是使各个方案A_i的排序函数值都越大越好，因此在建立优化模型时，目标函数应该为

$$\max F = (F(A_1, \varepsilon), F(A_2, \varepsilon), \cdots, F(A_m, \varepsilon))$$

因而可以建立如下最优化模型：

$$\max F = (F(A_1,\varepsilon), F(A_2,\varepsilon), \cdots, F(A_m,\varepsilon))$$

$$\text{s. t.} \begin{cases} \boldsymbol{w} \in H \\ \sum_{j=1}^{n} w_j = 1 \\ w_j \geqslant 0 \quad (j = 1,2,\cdots,n) \end{cases} \tag{3.57}$$

由于各方案之间又是公平竞争的，故上述优化问题式（3.57）可等价为求解如下模型

$$\begin{aligned} \max V &= \sum_{i=1}^{m} F(A_i,\varepsilon) \\ &= \frac{1}{r+2} \sum_{i=1}^{m} \sum_{t=1}^{k} \sum_{j=1}^{n} v_t w_j [(0.5-\varepsilon) r_{1ij}^{(t)} + (r+1)(0.5-\varepsilon) r_{2ij}^{(t)} + \\ &\quad (0.5+\varepsilon)\lambda r_{3ij}^{(t)} + (0.5+\varepsilon) r_{4ij}^{(t)}] \times [(\bigwedge_t \mu_{ij}^{(t)})^{r+1} + (1 - \bigvee_t v_{ij}^{(t)})^{r+1}] \end{aligned} \tag{3.58}$$

$$\text{s. t.} \begin{cases} w \in H \\ \sum_{j=1}^{n} w_j = 1 \\ w_j \geqslant 0 \quad (j = 1,2,\cdots,n) \end{cases}$$

通过 Matlab 软件编程或 Lingo 软件求解上述模型，可得到最优权重向量 $\boldsymbol{w}^* = (w_1^*, w_2^*, \cdots, w_n^*)$。

3.4.2.2 基于新的排序函数的直觉梯形模糊多属性决策法

结合前面的分析，本节将给出基于考虑决策者风险态度的直觉梯形模糊排序函数的多属性决策方法，具体步骤如下：

步骤 1 根据式（3.51）~式（3.52），将决策矩阵 $\tilde{\boldsymbol{A}}^{(t)} = (\tilde{a}_{ij}^{(t)})_{m\times n}$ 转化为规范化决策矩阵 $\tilde{\boldsymbol{R}}^{(t)} = (\tilde{r}_{ij}^{(t)})_{m\times n}$；

步骤 2 根据直觉梯形模糊数信息集结式（3.54），得到群体决策矩阵 $\tilde{\boldsymbol{R}} = (\tilde{r}_{ij})_{m\times n}$；

步骤 3 利用 Matlab 软件或 Lingo 软件编程求解模型式（3.58），得最优属性权重向量 $\boldsymbol{w}^* = (w_1^*, w_2^*, \cdots, w_n^*)$；

步骤 4 给定风险态度因子 ε，计算各方案 A_i 的综合排序函数值 $F(A_i, \varepsilon)$；

步骤 5 按照 $F(A_i, \varepsilon)$ 从大到小的顺序对备选方案进行优劣排序，最大者对应的方案为最优方案。

3.4.3 算例分析

例 3.8 本书采用风险投资项目选择[235]的例子说明本书所提出的方法的有

效性和实用性。设某风险投资公司欲进行项目投资，经过初步考察和研究，最终确定 5 个备选的投资项目 $\{A_1, A_2, \cdots, A_5\}$ 进行投资。现在公司决策者根据如下 4 个评价准则（属性）对这 5 个备选投资项目进行评估：风险分析（o_1）、成长分析（o_2）、社会政治影响分析（o_3）、环境影响分析（o_4）。该风险投资公司现聘请了 3 位专家 $\{p_1, p_2, p_3\}$ 对这 5 个备选企业进行打分，具体的评价信息直觉以梯形模糊数的形式给出，相应的评价决策矩阵见表 3.18 ~ 表 3.20。这里假设专家的权重向量为：$v = (0.35, 0.40, 0.25)^{\mathrm{T}}$。这四个评价属性均为效益型属性，并且已知的部分权重信息为：

$$\Omega = \{\omega_2 \geqslant 0.15\omega_1, 0.01 \leqslant \omega_1 - \omega_3 \leqslant 0.1, 0.1 \leqslant \omega_3 \leqslant 0.3, \omega_4 - \omega_2 \geqslant \omega_1 - \omega_3\}。$$

表 3.18　专家 p_1 的直觉梯形模糊数决策矩阵

备选方案	评估属性			
	o_1	o_2	o_3	o_4
A_1	⟨(0.5,0.6,0.7,0.8);0.5,0.4⟩	⟨(0.1,0.2,0.3,0.4);0.6,0.3⟩	⟨(0.5,0.6,0.8,0.9);0.3,0.6⟩	⟨(0.4,0.5,0.6,0.7);0.2,0.7⟩
A_2	⟨(0.6,0.7,0.8,0.9);0.7,0.3⟩	⟨(0.5,0.6,0.7,0.8);0.7,0.2⟩	⟨(0.4,0.5,0.7,0.8);0.7,0.2⟩	⟨(0.5,0.6,0.7,0.9);0.4,0.5⟩
A_3	⟨(0.1,0.2,0.4,0.5);0.6,0.4⟩	⟨(0.2,0.3,0.5,0.6);0.5,0.4⟩	⟨(0.5,0.6,0.7,0.8);0.5,0.3⟩	⟨(0.3,0.5,0.7,0.9);0.2,0.3⟩
A_4	⟨(0.3,0.4,0.5,0.6);0.8,0.1⟩	⟨(0.1,0.3,0.4,0.5);0.6,0.3⟩	⟨(0.1,0.3,0.5,0.7);0.3,0.4⟩	⟨(0.6,0.7,0.8,0.9);0.2,0.6⟩
A_5	⟨(0.2,0.3,0.4,0.5);0.6,0.2⟩	⟨(0.3,0.4,0.5,0.6);0.4,0.3⟩	⟨(0.2,0.3,0.4,0.5);0.7,0.1⟩	⟨(0.5,0.6,0.7,0.8);0.1,0.3⟩

表 3.19　专家 p_2 的直觉梯形模糊数决策矩阵

备选方案	评估属性			
	o_1	o_2	o_3	o_4
A_1	⟨(0.4,0.5,0.6,0.7);0.4,0.3⟩	⟨(0.1,0.2,0.3,0.4);0.5,0.2⟩	⟨(0.4,0.5,0.7,0.8);0.2,0.5⟩	⟨(0.3,0.4,0.5,0.6);0.1,0.6⟩
A_2	⟨(0.5,0.6,0.7,0.8);0.6,0.2⟩	⟨(0.4,0.5,0.6,0.7);0.6,0.1⟩	⟨(0.3,0.4,0.6,0.7);0.6,0.1⟩	⟨(0.4,0.5,0.6,0.8);0.3,0.4⟩
A_3	⟨(0.1,0.2,0.3,0.4);0.5,0.3⟩	⟨(0.1,0.2,0.4,0.5);0.4,0.3⟩	⟨(0.4,0.5,0.6,0.7);0.4,0.2⟩	⟨(0.2,0.4,0.6,0.8);0.5,0.2⟩
A_4	⟨(0.2,0.3,0.4,0.5);0.7,0.1⟩	⟨(0.1,0.2,0.3,0.5);0.5,0.2⟩	⟨(0.1,0.2,0.4,0.6);0.2,0.3⟩	⟨(0.5,0.6,0.7,0.8);0.1,0.5⟩
A_5	⟨(0.1,0.2,0.3,0.4);0.5,0.1⟩	⟨(0.2,0.3,0.4,0.5);0.3,0.2⟩	⟨(0.1,0.2,0.3,0.4);0.6,0.2⟩	⟨(0.4,0.5,0.6,0.7);0.4,0.2⟩

表 3.20 专家 p_3 的直觉梯形模糊数决策矩阵

备选方案	评估属性			
	o_1	o_2	o_3	o_4
A_1	⟨(0.6,0.7,0.8,0.9);0.4,0.5⟩	⟨(0.2,0.3,0.4,0.5);0.5,0.4⟩	⟨(0.6,0.7,0.9,1.0);0.2,0.7⟩	⟨(0.5,0.6,0.7,0.8);0.1,0.8⟩
A_2	⟨(0.8,0.8,0.9,1.0);0.6,0.4⟩	⟨(0.6,0.7,0.8,0.9);0.6,0.3⟩	⟨(0.5,0.6,0.8,0.9);0.6,0.3⟩	⟨(0.6,0.7,0.8,1.0);0.3,0.6⟩
A_3	⟨(0.2,0.3,0.5,0.6);0.5,0.5⟩	⟨(0.3,0.4,0.6,0.7);0.4,0.5⟩	⟨(0.6,0.7,0.8,0.9);0.4,0.4⟩	⟨(0.4,0.6,0.8,1.0);0.5,0.4⟩
A_4	⟨(0.4,0.5,0.6,0.7);0.7,0.2⟩	⟨(0.2,0.4,0.5,0.6);0.5,0.4⟩	⟨(0.2,0.4,0.6,0.8);0.2,0.5⟩	⟨(0.7,0.8,0.9,1.0);0.1,0.7⟩
A_5	⟨(0.3,0.4,0.5,0.6);0.5,0.3⟩	⟨(0.4,0.5,0.6,0.7);0.3,0.4⟩	⟨(0.3,0.4,0.5,0.6);0.6,0.2⟩	⟨(0.6,0.7,0.8,0.9);0.4,0.4⟩

下面用本节提出的方法求解此多属性决策问题，步骤如下：

步骤 1 利用集结式（3.53），得到群体直觉梯形模糊数决策矩阵 $\tilde{\boldsymbol{R}} = (\tilde{r}_{ij})_{m\times n}$，见表 3.21。

表 3.21 群体直觉梯形模糊数决策矩阵

方案	评估属性			
	o_1	o_2	o_3	o_4
A_1	⟨(0.485,0.585,0.685,0.785);0.4,0.5⟩	⟨(0.125,0.225,0.325,0.425);0.5,0.4⟩	⟨(0.485,0.585,0.785,0.885);0.2,0.7⟩	⟨(0.385,0.485,0.585,0.685);0.1,0.8⟩
A_2	⟨(0.610,0.685,0.785,0.885);0.6,0.4⟩	⟨(0.485,0.585,0.685,0.785);0.6,0.3⟩	⟨(0.385,0.485,0.685,0.785);0.6,0.3⟩	⟨(0.485,0.585,0.685,0.885);0.3,0.6⟩
A_3	⟨(0.125,0.225,0.385,0.485);0.5,0.5⟩	⟨(0.185,0.285,0.485,0.585);0.4,0.5⟩	⟨(0.485,0.585,0.685,0.785);0.4,0.4⟩	⟨(0.285,0.485,0.685,0.660);0.2,0.4⟩
A_4	⟨(0.285,0.385,0.485,0.585);0.7,0.2⟩	⟨(0.125,0.285,0.385,0.525);0.5,0.4⟩	⟨(0.125,0.285,0.485,0.685);0.2,0.5⟩	⟨(0.585,0.685,0.785,0.885);0.1,0.7⟩
A_5	⟨(0.185,0.285,0.385,0.485);0.5,0.3⟩	⟨(0.285,0.385,0.485,0.585);0.3,0.4⟩	⟨(0.185,0.285,0.385,0.485);0.6,0.2⟩	⟨(0.485,0.585,0.685,0.785);0.1,0.4⟩

步骤 2 根据式（3.56）建立最优化模型：

$$\max V = 7.5692w_1 + 6.3659w_2 + 8.1374w_3 + 9.6121w_4$$

$$
\text{s. t.}\begin{cases}w_2 \geqslant 0.15w_1\\ 0.01 \leqslant w_1 - w_3 \leqslant 0.1\\ 0.1 \leqslant w_3 \leqslant 0.3\\ w_4 - w_2 \geqslant w_1 - w_3\\ w_1 + w_2 + w_3 + w_4 = 1\\ w_j \geqslant 0 \quad (j=1,2,3,4)\end{cases}
$$

利用 Matlab 软件，求解得到最优权重向量 $\boldsymbol{w}^* = (0.1100, 0.0165, 0.1000, 0.7735)^{\mathrm{T}}$。

步骤 3　当 $r=1$，$\varepsilon=0$ 时，得到备选方案的综合评价值分别为：

$$
F(A_1,\varepsilon)=0.0610, F(A_2,\varepsilon)=0.2432, F(A_3,\varepsilon)=0.2218,
$$
$$
F(A_4,\varepsilon)=0.1256, F(A_5,\varepsilon)=0.2457。
$$

步骤 4　按照综合评价值 $F(A_i, \varepsilon)$ 从大到小的顺序得到方案的优劣排序结果为：

$$
A_5 > A_2 > A_3 > A_4 > A_1
$$

从而最优方案为 A_5。

若假定属性权重向量为 $\boldsymbol{w} = (0.2, 0.1, 0.3, 0.4)^{\mathrm{T}}$，则利用 Wei[235] 的加权算数平均算子集结得到的评价结果为 $A_2 > A_5 > A_3 > A_4 > A_1$，而利用本节的方法（$r=0$，$\varepsilon=0$）得到的综合评价值分别为：

$$
F(A_1,\varepsilon)=0.3115, F(A_2,\varepsilon)=0.6734, F(A_3,\varepsilon)=0.4554,
$$
$$
F(A_4,\varepsilon)=0.3673, F(A_5,\varepsilon)=0.4380
$$

因此得到的排序结果为 $A_2 > A_3 > A_5 > A_4 > A_1$。最优排序方案一致，总体排序略有差异。本节方法的优越性在于：

（1）Wei[235] 的决策方法中属性权重是预先给定的，本节的决策方法给出了最优化模型求解最优权重的一种新方法，可以解决属性权重不能事先给定的情形；

（2）本节提出的直觉梯形模糊排序方案考虑了决策者不同心态对决策结果的影响，更加符合客观实际。

3.5　本章小结

本章的主要工作为：

（1）针对直觉模糊数和区间直觉模糊数分别发展了新的排序函数。不但能够同时考虑直觉模糊自身包含的信息量和可靠性信息，同时又兼顾考虑决策者的风险态度因素，并通过算例分析说明新提出的排序函数的有效性与可行性。

（2）尽管有关直觉梯形模糊数和直觉三角模糊数的排序已有一些研究成果，如期望值法、可能性－均值方差法、加权均值和模糊度排序法以及加权均值面积法等。但由于决策者的风险态度常会影响决策结果，而现有的排序函数大多没有考虑这一方面，为此本章发展了考虑决策者风险态度的直觉梯形模糊数排序函数，并提出了基于排序函数的直觉模糊多属性决策方法，解决了属性权重信息完全未知和部分已知两种情形的属性权重确定问题。

关于直觉模糊排序函数的研究是直觉模糊理论研究中的一项重要内容，而每种排序函数的提出都是基于一定的视角提出的，不同的视角得出的排序函数都会存在它自身的局限性，这一点正如区间数和三角模糊数的排序，至今尚未有最好的排序函数被提出，然而这一点也正是源于每位决策者对模糊数的认识上的不同。考虑决策者风险态度行为的排序函数将决策者在进行决策时的风险偏好放在决策过程加以考虑，更加符合客观实际。

4 基于前景理论的直觉模糊多属性决策研究

在实际的多属性决策过程中，决策者对方案常存在着主观上的风险偏好，因此，在多属性决策模型中考虑决策者的风险态度是有重要意义的。然而现有的多属性决策模型大多是建立在假定决策者是完全理性的预期效用理论的基础上的。但实际上人并不总是完全理性的，因此出现了很多期望效用理论所不能解释的现象。Kahneman 和 Tversky[153] 提出的前景理论是对期望效用理论的一个挑战，它解释了期望效用理论所不能解释的现象。将前景理论代替期望效用理论进入决策模型，更符合人类实际的决策模式。

本章研究基于前景理论的直觉模糊数和广义直觉模糊数型多属性决策问题。

4.1 前景理论

为解释预期效用理论中出现的公理的经验违背问题，Kahneman 和 Tversky 于 1979 年提出了前景理论。前景理论是通过定义前景综合值对备选方案进行排序和择优。它包含两个关键的实值函数：一个是反映结果主观价值的价值函数 $v(x)$，另一个是将概率转化为决策权重的决策函数 $\pi(p)$。前景理论中价值函数 $v(x)$ 只衡量结果的价值而不反映对风险的态度，其是用来替代预期效用理论的预期效用函数。

前景理论中的价值函数的表述方式为相对于参照点的获利和损失，其具有以下性质：

当 $x\geqslant 0$ 时，$v''(x)\leqslant 0$（即 $v(x)$ 为凹函数）；

当 $x<0$ 时，$v''(x)\geqslant 0$（即 $v(x)$ 为凸函数）；

当 $x\geqslant 0$ 时，$v'(x)<v'(-x)$（即 $v(x)$ 的图形不对称，在损失的情况下，$v(x)$ 函数曲线更为倾斜）。

给定一个不确定前景 f 是从自然状态 S 到结果集 X 的一个函数，即 f: $S\rightarrow X$，对于任意 $s_i\in S$，都有 $f(s_i)=x_i$，$x_i\in X$。

定义 4.1 设 x 表示收益或损失，则 Tversky 等给出的价值函数定义为如下的幂函数形式：

$$v(x)=\begin{cases} x^{\alpha}, & x>0 \\ -\theta(-x)^{\beta}, & x<0 \end{cases} \tag{4.1}$$

其中参数 α 和 β 分别表示收益和损失区域价值幂函数的凹凸程度。$\alpha<1$ 和 $\beta<1$ 时，$v(x)$ 表示敏感性递减；系数 θ 表示损失区域比收益区域具有更陡的特征，$\theta>1$ 表示损失厌恶参数。函数 $v(x)$ 的图像如图 4.1 所示。

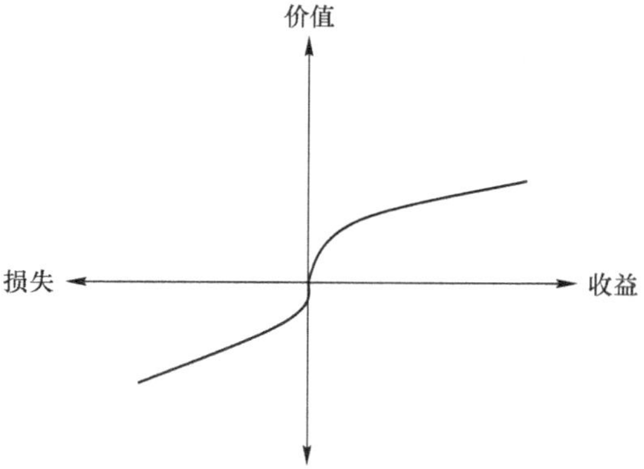

图 4.1 前景理论中价值函数 $v(x)$ 的图像

价值函数 $v(x)$ 具有以下三个重要特征[211]：

（1）收益和损失是相对参照点而言的获利和损失，而不是最终的财富值；

（2）决策者面对收益是风险规避的，面对损失是风险偏好的；

（3）投资者对损失的感知比收益的感知更敏感。

定义 4.2 设 A_i 是要考虑的事件，Tversky 等给出的决策权重的函数表达式定义为

$$W(A_i)=\pi_R(p(A_i))\triangleq\pi(p) \tag{4.2}$$

这里的决策函数 $\pi(p)$ 用于定义概率的非线性转化以反映概率对可能产生的不同结果的吸引力的影响。$\pi(p)$ 为关于判断概率 p 的递增函数，且 $\pi(0)=1$，$\pi(1)=1$。π_R 是风险下的概率权重函数。

注 4.1 判断概率 $p(A_i)$ 通过决策者的判断给出，但在某些风险不确定的决策中，判断概率会出现违反概率二元互补关系的情况。因此在风险决策权重的分析中，有必要考虑由于决策者对不确定源的偏好及对未知概率事件的判断带来的影响。于是文献［212］建议采用如下函数获得权重函数：

$$\pi(p)=\frac{p^{\gamma}}{[p^{\gamma}+(1-p)^{\gamma}]^{1/\gamma}} \tag{4.3}$$

Kahneman 和 Tversky 对决策权重的运算规律进行了研究，发现了决策权重函数的三个特征：

（1）对小概率值分配相对较大的权重，而对中、高概率值则分配较小的权重。

(2) $\sum_i \pi(p_i) < 1$。

(3) 边界效应：在0、1两点没有取值，即不发生事件和确定性事件是突变范围，人的评价能力受到限制，其决策权重或者被忽视或者被夸大难以确定，取决于决策者的主观感觉。区别于传统的公理性推导，该理论是描述性的，是从实证检验中归纳总结的。风险理论从最早的期望理论发展到后来的期望效用理论，直到最新的前景理论。其中前景理论是最有力的描述性理论，更适合于描述实际决策行为。

定义 4.3 前景理论中的前景价值 V 是由价值函数和决策权重共同决定的，定义为如下的函数表达式：

$$V = \sum_{j=1}^{n} \pi(p_j) v(x_j) \tag{4.4}$$

式中，$\pi(p)$ 为决策权重，是概率评价性的单调递增函数；$v(x)$ 为价值函数，是决策者主观感受形成的价值。

4.2 基于卡方相似度和前景理论的多属性决策法研究

相比精确数而言，普通的 Zadeh 模糊集可以更好地刻画客观事物的模糊本质，现已被成功应用到各个领域。但 Zadeh 的模糊集由于只包含一个隶属度，因而只能反映“是”与“否”两方面的信息。然而在遇到某些决策问题时，由于问题的复杂性以及决策者的知识、精力等因素导致决策存在一定的犹豫，就会出现模棱两可的情形，而模糊集不能刻画此类情形，为此 Atanassov 在 Zadeh 模糊集基础上，通过增加非隶属度参数提出了直觉模糊集的概念。直觉模糊集可以较好地描述决策问题中的犹豫性和不确定性，因而能够更加细腻地刻画决策问题的模糊本质。

相似度是一类重要的信息测度，关于直觉模糊相似度的研究，已有很多文献进行讨论，但大部分现有的相似度还存在着反直觉情形，这势必导致在应用它们进行模糊聚类或进行模式识别时会降低分类或识别结果的准确性。卡方距离是从卡方检验统计量发展而来的一类重要的距离测度，已在图像处理和模式识别领域有成功的应用。为此本书将基于卡方距离构造一类新的直觉模糊相似度，并在此基础上发展基于该相似度和前景理论的直觉模糊多属性决策法。

4.2.1 基于卡方距离的直觉模糊相似度

4.2.1.1 现有的直觉模糊相似度

文献［213］对现有直觉模糊相似度的研究进行了综述，指出了各类直觉模糊相似度的不足之处，并列举了反直觉的例子。如何构造更加合理的相似度测度，消除前人构造的相似度测度中出现的反直觉情形是一项非常有意义的工作。下面简要介绍现有的直觉模糊相似度，关于反直觉例子将在下一小节进行分析评述。设 $A=\{(x_i,\mu_A(x_i),v_A(x_i))\mid x_i\in X\}$ 和 $B=\{(x_i,\mu_B(x_i),v_B(x_i))\mid x_i\in X\}$ 为两个任意直觉模糊集，下面介绍几类现有文献中的直觉模糊相似度：

（1）Chen[214] 构造的相似度：

$$S_C(A,B)=1-\frac{1}{2n}\sum_{i=1}^{n}\left|S_A(x_i)-S_B(x_i)\right| \tag{4.5}$$

其中 $S_\Delta(x_i)=\mu_\Delta(x_i)-v_\Delta(x_i)$，$\Delta=A$ 或 B。

（2）Hong 和 Kim[215] 构造的相似度：

$$S_H(A,B)=1-\frac{1}{2n}\sum_{i=1}^{n}\left(\left|\mu_A(x_i)-\mu_B(x_i)\right|+\left|v_A(x_i)-v_B(x_i)\right|\right) \tag{4.6}$$

（3）Li 和 Xu[216] 构造的相似度：

$$S_L(A,B)=1-\frac{1}{4n}\sum_{i=1}^{n}\left(\left|(\mu_A(x_i)-v_A(x_i))-(\mu_B(x_i)-v_B(x_i)\right|\right)-\frac{1}{4n}\sum_{i=1}^{n}\left(\left|(\mu_A(x_i)-\mu_B(x_i))-(v_A(x_i)-v_B(x_i)\right|\right) \tag{4.7}$$

（4）李艳红等[217] 构造的相似度：

$$S_O(A,B)=1-\left[\frac{1}{2n}\sum_{i=1}^{n}\left((\mu_A(x_i)-\mu_B(x_i))^2+(v_A(x_i)-v_B(x_i))^2\right)\right]^{1/2} \tag{4.8}$$

（5）Li 和 Cheng[85] 构造的相似度：

$$S_{DC}(A,B)=1-\frac{1}{\sqrt[p]{n}}\sqrt[p]{\sum_{i=1}^{n}\left|m_A(x_i)-m_B(x_i)\right|^p},\qquad 1\leqslant p<+\infty \tag{4.9}$$

其中，$m_\Delta(x_i)=\dfrac{\mu_\Delta(x_i)+1-v_\Delta(x_i)}{2}$，$\Delta=A$ 或 B。

（6）Mitchell[86] 构造的相似度：

$$S_{HB}(A,B)=\frac{1}{2}(\rho_\mu(A,B)+\rho_v(A,B)) \tag{4.10}$$

其中，$\rho_\delta(A,B)=1-\dfrac{1}{\sqrt[p]{n}}\sqrt[p]{\sum_{i=1}^{n}\left|\delta_A(x_i)-\delta_B(x_i)\right|^p}$，$\delta=\mu$ 或 v。

（7）Liang 和 Shi[218] 构造的相似度：

1） $$S_e^p(A,B)=1-\frac{1}{\sqrt[p]{n}}\sqrt[p]{\sum_{i=1}^{n}(\varphi_\mu(x_i)+\varphi_v(x_i))^p},\qquad 1\leqslant p<+\infty \tag{4.11}$$

其中，$\varphi_\mu(x_i)=\dfrac{\left|\mu_A(x_i)-\mu_B(x_i)\right|}{2}$，$\varphi_v(x_i)=\dfrac{\left|(1-v_A(x_i))-(1-v_B(x_i))\right|}{2}$。

2)
$$S_{\mathrm{s}}^{p}(A,B)=1-\frac{1}{\sqrt[p]{n}}\sqrt[p]{\sum_{i=1}^{n}(\varphi_{s1}(x_i)+\varphi_{s2}(x_i))^{p}} \tag{4.12}$$

其中，$\varphi_{s1}(x_i)=\frac{|m_{A1}(x_i)-m_{B1}(x_i)|}{2}$，$\varphi_{s2}(x_i)=\frac{|m_{A2}(x_i)-m_{B2}(x_i)|}{2}$，$m_{A1}(x_i)=\frac{|\mu_A(x_i)-m_A(x_i)|}{2}$，$m_{A2}(x_i)=\frac{|m_A(x_i)+1-v_A(x_i)|}{2}$，$m_{\Delta}(x_i)=\frac{\mu_{\Delta}(x_i)+1-v_{\Delta}(x_i)}{2}$，$\Delta=A$ 或 B。

3)
$$S_{\mathrm{h}}^{p}(A,B)=1-\frac{1}{\sqrt[p]{3n}}\sqrt[p]{\sum_{i=1}^{n}\left(\sum_{m=1}^{3}(\eta_m(x_i))^{p}\right)} \tag{4.13}$$

其中

$\eta_1(x_i)=\frac{\varphi_{s1}(x_i)+\varphi_{s2}(x_i)}{2}$，$\eta_2(x_i)=|m_A(x_i)-m_B(x_i)|$，$\eta_3(x_i)=\max\{l_A(x_i),l_B(x_i)\}-\min\{l_A(x_i),l_B(x_i)\}$，$l_{\Delta}(x_i)=\frac{1-v_{\Delta}(x_i)-\mu_{\Delta}(x_i)}{2}$，$\Delta=A$ 或 B。

(8) Hung 和 Yang[87] 构造的相似度：

$$S_{\mathrm{HY}}^{1}(A,B)=1-d_{\mathrm{H}}(A,B) \tag{4.14}$$

$$S_{\mathrm{HY}}^{2}(A,B)=\frac{\mathrm{e}^{-d_{\mathrm{H}}(A,B)}-\mathrm{e}^{-1}}{1-\mathrm{e}^{-1}} \tag{4.15}$$

和

$$S_{\mathrm{HY}}^{3}(A,B)=\frac{1-d_{\mathrm{H}}(A,B)}{1+d_{\mathrm{H}}(A,B)} \tag{4.16}$$

其中，$d_{\mathrm{H}}(A,B)$ 为 Hausdorff 距离测度，定义为

$$d_{\mathrm{H}}(A,B)=\sum_{i=1}^{n}\max\{|\mu_A(x_i)-\mu_B(x_i)|,|v_A(x_i)-v_B(x_i)|\} \tag{4.17}$$

(9) Ye[89] 构造的余弦相似度：

$$C_{\mathrm{IFS}}(A,B)=\frac{1}{n}\sum_{i=1}^{n}\frac{\mu_A(x_i)\mu_B(x_i)+v_A(x_i)v_A(x_i)}{\sqrt{\mu_A^2(x_i)+\mu_B^2(x_i)}\sqrt{v_A^2(x_i)+v_B^2(x_i)}} \tag{4.18}$$

(10) Boran 和 Akay[96] 构造的相似度：

$$S_{\mathrm{t}}^{p}(A,B)=1-\left\{\frac{1}{2n(1+p)}\left[\sum_{i=1}^{n}|(t(\mu_A(x_i)-\mu_B(x_i))-(v_A(x_i)-v_B(x_i)))|^{p}+\sum_{i=1}^{n}|(t(v_A(x_i)-v_B(x_i))-(\mu_A(x_i)-\mu_B(x_i)))|^{p}\right]\right\} \tag{4.19}$$

其中，$p=1, 2, 3, \cdots$；$t=2, 3, \cdots$。

(11) Song 等[98] 构造的相似度：

$$S_{\mathrm{Y}}(A,B)=\frac{1}{2n}\sum_{i=1}^{n}(\sqrt{\mu_A(x_i)\mu_B(x_i)}+2\sqrt{v_A(x_i)v_B(x_i)}+$$

$$\sqrt{\pi_A(x_i)\pi_B(x_i)} + \sqrt{(1 - v_A(x_i))(1 - v_B(x_i))}) \tag{4.20}$$

4.2.1.2 新的直觉模糊相似度测度

本节将提出一个基于卡方距离的新的直觉模糊相似性测度，并将其与现有的相似度进行比较，说明本节提出的相似度的合理性和有效性。

本节提出一种新的基于卡方距离测度的两个直觉模糊集之间的相似性测度。卡方距离的名称来源于皮尔逊卡方检验统计量

$$\chi^2(\boldsymbol{x},\boldsymbol{y}) = \sum_{i=1}^{n} \frac{(x_i - y_i)^2}{x_i} \tag{4.21}$$

该统计量常用于比较两个离散概率分布。然而，式（4.21）是非对称函数，要将它作为一种距离，需要进行函数延展成对称函数，为此，我们定义两个实向量 $\boldsymbol{x} = (x_1, x_2, \cdots, x_n)$ 和 $\boldsymbol{y} = (y_1, y_2, \cdots, y_n)$ 之间的距离为[219]：

$$d(\boldsymbol{x},\boldsymbol{y}) = \sum_{i=1}^{n} \frac{(x_i - y_i)^2}{x_i + y_i} \tag{4.22}$$

卡方距离作为一类重要的信息测度已经在统计模式识别、图像处理等领域有很多成功应用[220,221]。本节将卡方距离拓展应用到直觉模糊集的相似度的构造，提出基于卡方距离的新的直觉模糊相似度公式，并将其应用到求解直觉模糊聚类问题。为避免出现分母为零的情形，本节对卡方距离公式进行修正，提出修正的卡方距离公式：

$$d(\boldsymbol{x},\boldsymbol{y}) = \sum_{i=1}^{n} \frac{(x_i - y_i)^2}{1 + x_i + y_i} \tag{4.23}$$

注意到分母的常数 1 可以选取任意其他的正实数，但是为了后继构造相似度公式的简洁性，这里取常数 1。

令 $X = \{x_1, x_2, \cdots, x_n\}$ 为论域，对于给定的两个直觉模糊集 $A = \{\langle x_i, \mu_A(x_i), v_A(x_i)\rangle \mid x_i \in X\}$ 和 $B = \{\langle x_i, \mu_B(x_i), v_B(x_i)\rangle \mid x_i \in X\}$，构造如下的信息测度公式 $S \triangleq S(A,B)$：

$$S = 1 - \frac{1}{n}\sum_{i=1}^{n}\left[\frac{(\mu_A(x_i) - \mu_B(x_i))^2}{1 + \mu_A(x_i) + \mu_B(x_i)} + \frac{(v_A(x_i) - v_B(x_i))^2}{1 + v_A(x_i) + v_B(x_i)}\right] \tag{4.24}$$

引理 4.1 设 a，b，c 为三个非负实数，满足 $0 \leqslant a \leqslant b \leqslant c$，则有

$$\frac{(a-c)^2}{1+a+c} \geqslant \max\left\{\frac{(a-b)^2}{1+a+b}, \frac{(b-c)^2}{1+b+c}\right\}$$

定理 4.1 令 $X = \{x_1, x_2, \cdots, x_n\}$ 为论域，对于给定的两个直觉模糊集 $A = \{\langle x_i, \mu_A(x_i), v_A(x_i)\rangle \mid x_i \in X\}$ 和 $B = \{\langle x_i, \mu_B(x_i), v_B(x_i)\rangle \mid x_i \in X\}$，由式（4.24）构造的信息测度 $S \triangleq S(A, B)$ 是直觉模糊集 A 和 B 的相似度，即要证明其满足定义 2.7 的五个条件（1）~（5）。

证明 (1) 令 $f(x,y)=\frac{(x-y)^2}{1+x+y}$,

显然，当 $0\leqslant x\leqslant y\leqslant 1$ 时，有

$$f(x,y)=\frac{(x-y)^2}{1+x+y}=\frac{y-x}{1+x+y}(y-x)$$

$$\leqslant\frac{y}{1+y}(1-0)\leqslant\frac{y}{y+y}=\frac{1}{2}$$

类似的可证当 $0\leqslant y\leqslant x\leqslant 1$ 时，$f(x,y)\leqslant\frac{1}{2}$,

于是对于任意的 x，$y\in[0,1]$ 时，恒有 $f(x,y)\leqslant\frac{1}{2}$。

从而对任意 $x_i\in X$，有

$$\frac{(\mu_A(x_i)-\mu_B(x_i))^2}{1+\mu_A(x_i)+\mu_B(x_i)}+\frac{(v_A(x_i)-v_B(x_i))^2}{1+v_A(x_i)+v_B(x_i)}$$

$$=f(\mu_A(x_i),\mu_B(x_i))+f(v_A(x_i),v_B(x_i))\leqslant\frac{1}{2}+\frac{1}{2}\leqslant 1$$

则 $0\leqslant S(A,B)\leqslant 1$。

(2) 当 $A=B$ 时，有

$$\mu_A(x_i)=\mu_B(x_i),v_A(x_i)=v_B(x_i),\forall x_i\in X$$

则显然有 $S(A,B)=1$。

(3) $$S(B,A)=1-\frac{1}{n}\sum_{i=1}^{n}\left[\frac{(\mu_B(x_i)-\mu_A(x_i))^2}{1+\mu_B(x_i)+\mu_A(x_i)}+\frac{(v_B(x_i)-v_A(x_i))^2}{1+v_B(x_i)+v_A(x_i)}\right]$$

$$=1-\frac{1}{n}\sum_{i=1}^{n}\left[\frac{(\mu_A(x_i)-\mu_B(x_i))^2}{1+\mu_A(x_i)+\mu_B(x_i)}+\frac{(v_A(x_i)-v_B(x_i))^2}{1+v_A(x_i)+v_B(x_i)}\right]$$

$$=S(A,B)$$

(4) 若 $A\subseteq B\subseteq C$，则有对任意的 $x_i\in X$，$\mu_A(x_i)\leqslant\mu_B(x)\leqslant\mu_C(x)$ 和 $v_A(x_i)\geqslant v_B(x_i)\geqslant v_C(x_i)$。

由引理 4.1，有

$$\frac{(\mu_A(x_i)-\mu_C(x_i))^2}{1+\mu_A(x_i)+\mu_C(x_i)}\geqslant\frac{(\mu_A(x_i)-\mu_B(x_i))^2}{1+\mu_A(x_i)+\mu_B(x_i)}$$

$$\frac{(v_A(x_i)-v_C(x_i))^2}{1+v_A(x_i)+v_C(x_i)}\geqslant\frac{(v_A(x_i)-v_B(x_i))^2}{1+v_A(x_i)+v_B(x_i)}$$

于是

$$S(A,C)\leqslant S(A,B)$$

类似地，可证

$$S(A,C)\leqslant S(B,C)$$

于是

$$S(A,C) \leqslant \min\{S(A,B),S(B,C)\}$$

(5) 当 A 为经典集合时，即对 $\forall x_i \in X$，$\mu_A(x_i)=0$ 或 1，当对 $\forall x_i \in X$，$\mu_A(x_i)=0$ 时，有 $v_A(x_i)=1$，$\mu_{A^C}(x_i)=1$ 和 $v_{A^C}(x_i)=0$。于是

$$S(A,A^C) = 1 - \frac{1}{n}\sum_{i=1}^{n}\left[\frac{(0-1)^2}{1+0+1}+\frac{(1-0)^2}{1+1+0}\right] = 0$$

类似地可以证明当 $\forall x_i \in X$，$\mu_A(x_i)=1$ 时，$S(A,A^C)=0$。

综上，定理得证。

进一步地，为考察本节提出的直觉模糊相似度的合理性，将列举 4 对特殊的直觉模糊集，计算它们的相似度，结果见表 4.1，反直觉情形用粗体标出。

表 4.1 六种情形下直觉模糊集 *A* 和 *B* 的相似度

A	⟨1,0⟩	⟨0.5,0.5⟩	⟨0.4,0.2⟩	⟨0.4,0.2⟩
B	⟨0,0⟩	⟨0,0⟩	⟨0.5,0.3⟩	⟨0.5,0.2⟩
S_C	0.5	1	**1**	**0.95**
S_H	**0.5**	**0.5**	0.9	0.95
S_L	0.5	0.75	**0.95**	**0.95**
S_O	**0.5**	**0.5**	0.9	0.93
S_{DC}	0.5	1	**1**	**0.95**
S_{HB}	**0.5**	**0.5**	0.9	0.95
S_e^p	**0.5**	**0.5**	0.9	0.95
S_s^p	0.5	0.75	**0.95**	**0.95**
S_h^p	0.5	0.6667	0.9333	0.95
S_{HY}^1	**0**	0.5	**0.9**	**0.9**
S_{HY}^2	**0**	0.38	**0.85**	**0.85**
S_{HY}^3	**0**	0.3333	**0.82**	**0.82**
C_{IFS}	**0**	0	0.9971	0.9965
S_t^p	0.5	0.8333	**0.9667**	**0.95**
S_Y	**0.5**	**0.354**	0.984	0.997
S	0.5	0.6667	0.9881	0.9947

从表 4.1 可以看出，令 $A=\langle 1,\ 0\rangle$，$B=\langle 0,\ 0\rangle$ 和 $C=\langle 0.5,\ 0.5\rangle$，则直觉上应该有相似度 $S(A,B)<S(B,\ C)$，而相似度 S_H，S_O，S_{HB}，S_e^p 及 S_Y 与直觉不符。令 $A=\langle 0.4,\ 0.2\rangle$，$B=\langle 0.5,\ 0.3\rangle$ 和 $C=\langle 0.5,\ 0.2\rangle$，相似度 S_C，S_L，S_{DC}，S_s^p，S_{HY}^1，S_{HY}^2，S_t^p 与直觉不符，因为按照直觉模糊集排序的得分和精确度函数排序法知 $A \leqslant B \leqslant C$，于是应该有相似度 $S(A,\ B) \geqslant S(A,\ C)$。相似度 S_h^p 虽

然没有上述问题，但是公式相对复杂，且还涉及参数 p 的选取问题。而本节提出的相似度却没有发生上述反直觉现象，因而相比之下本节构造的相似度是一个较合理的相似度。

注 4.2　在式（4.24）下，若令

$$d(A,B)=1-S(A,B) \tag{4.25}$$

则显然 $d(A, B)$ 为直觉模糊集 A 和 B 的距离。

为说明新的相似度的应用，本节给出其在聚类分析中的应用。

聚类分析不但是数据挖掘领域一个重要的研究方法，而且也是管理决策领域一个非常重要的决策方法。本节发展了基于新的相似度的直觉模糊编网聚类算法。

编网聚类算法最先由西安交通大学赵汝怀教授提出，其特点是在模糊相似矩阵 $\boldsymbol{S}=(s_{ij})_{m\times m}$ 的 λ 截矩阵 $\boldsymbol{R}_\lambda$ 上直接进行聚类，并且得到的分类结果和利用模糊相似矩阵的最大最小传递闭包 $t(S)$ 做分类时的分类结果一致。文献［222］在模糊反相似矩阵情形给出了模糊编网聚类法的相关理论推演和证明。根据类似的推导可以得到在模糊相似矩阵情形下的相关结论，限于篇幅这里只给出相应结论。现今大多数编网聚类的文献主要是利用模糊相似矩阵进行聚类，见文献［223，224］。

对于传统的模糊聚类问题，设有待分类的对象集合 $X=\{x_1, x_2, \cdots, x_n\}$，$\boldsymbol{R}=(R(x_i,x_j))_{n\times n}$ 为这些对象的相似矩阵，$t(\boldsymbol{R})$ 为 $\boldsymbol{R}$ 的闭包，画出传递闭包 $t(\boldsymbol{R})$ 的二元关系图 $G=(V, E)$，其中 V 为顶点集且 $V=X$，E 为边（弧）集，其中 $E=\{e_{ij}\mid e_{ij}=(x_i,x_j),x_i,x_j\in V\}$，并定义弧长 $|e_{ij}|=R(x_i, x_j)$。设连接两顶点 x_i，x_j 的一条通路的边的集合为 l_{ij}，两顶点 x_i，x_j 的所有通路集合为 L_{ij}，则定义这两顶点的路长为 $d_{ij}=\min\limits_{l_{ij}\in L_{ij}}\{|l_{ij}|\}$，其中 $|l_{ij}|=\min\limits_{e_{ij}\in l_{ij}}\{|e_{ij}|\}$。

引理 4.2　按传递闭包 $t(\boldsymbol{R})$ 的图像分类等价于按 $\boldsymbol{R}$ 的图像，其中分类规则为：使相互间路长不大于 λ 的顶点所对应的对象聚为一类，否则分在不同的类。

证明：证明类似文献［222］的定理 4。

注 4.3　由引理 4.2 知，在聚类时候只需根据文献［222］的编网聚类法按 $\boldsymbol{R}$ 的图像就可以对对象进行分类。

设某聚类问题包含 m 个对象 A_1，A_2，…，A_m 和 n 个特征指标 o_1，o_2，…，o_n。设 A_i 在 o_j 下的测量（评价）值是一个直觉模糊数 $a_{ij}=\langle\mu_{ij}, v_{ij}\rangle$，其中 μ_{ij} 和 v_{ij} 分别是 A_i 关于 o_j 的隶属度和非隶属度度，满足 μ_{ij}，$v_{ij}\in[0, 1]$ 和 $0\leqslant\mu_{ij}+v_{ij}\leqslant 1$。现要求对这 m 个对象 A_1，A_2，…，A_m 进行分类。本节提出一种基于新的相似度直觉模糊编网聚类法，步骤如下[222]。

步骤 1　计算模糊直觉模糊相似矩阵 $\boldsymbol{S}=(s_{ij})_{m\times m}$，其中

$$s_{ik} = 1 - \sum_{j=1}^{n} \left[\frac{(\mu_{ij} - \mu_{kj})^2}{1 + \mu_{ij} + \mu_{kj}} + \frac{(v_{ij} - v_{kj})^2}{1 + v_{ij} + v_{kj}} \right] \tag{4.26}$$

步骤 2 适当选取参数 $\lambda \in [0, 1]$，求出相应的 λ 截矩阵 $\boldsymbol{R}_\lambda$，并只保留 $\boldsymbol{R}_\lambda$ 主对角线和左下方元素；

步骤 3 将第 i 行主对角线元素“1”用相应的对象 A_i 的标号 i 替换；

步骤 4 将主对角线左下方“0”去掉，用“＊”代替“1”，并称“＊”所在位置为结点；

步骤 5 用横和竖直线将结点与对角线上的标号连接，即编网，将通过这样打结连接的对象归为一类。

例 4.1 采用文献［224］的算例进行分析。设某汽车市场欲对 5 种不同的车辆 A_1，A_2，…，A_5 进行分类，经过专家讨论，确定如下 6 个评价指标（属性）：o_1（燃料消耗量）、o_2（摩擦度）、o_3（价格）、o_4（舒适度）、o_5（设计）、o_6（安全性）。每辆车在各评价指标下的评价值用直觉模糊数表示，见表 4.2。

表 4.2 车组的特征信息（评价）值

	A_1	A_2	A_3	A_4	A_5
o_1	⟨0.3,0.5⟩	⟨0.6,0.3⟩	⟨0.4,0.4⟩	⟨0.2,0.4⟩	⟨0.5,0.2⟩
o_2	⟨0.6,0.1⟩	⟨0.5,0.2⟩	⟨0.8,0.1⟩	⟨0.4,0.1⟩	⟨0.3,0.6⟩
o_3	⟨0.4,0.3⟩	⟨0.6,0.1⟩	⟨0.5,0.1⟩	⟨0.9,0⟩	⟨0.6,0.3⟩
o_4	⟨0.8,0.1⟩	⟨0.7,0.1⟩	⟨0.6,0.2⟩	⟨0.8,0.1⟩	⟨0.7,0.1⟩
o_5	⟨0.1,0.6⟩	⟨0.3,0.6⟩	⟨0.4,0.5⟩	⟨0.2,0.5⟩	⟨0.6,0.2⟩
o_6	⟨0.5,0.4⟩	⟨0.4,0.3⟩	⟨0.3,0.2⟩	⟨0.7,0.1⟩	⟨0.5,0.3⟩

求解步骤如下：

步骤 1 根据式（4.26）计算相似度矩阵，得

$$\boldsymbol{R} = \begin{pmatrix} 1.0000 & 0.8257 & 0.8020 & 0.6995 & 0.4646 \\ 0.8257 & 1.0000 & 0.8873 & 0.7603 & 0.7074 \\ 0.8020 & 0.8873 & 1.0000 & 0.6895 & 0.5564 \\ 0.6995 & 0.7603 & 0.6895 & 1.0000 & 0.4713 \\ 0.4646 & 0.7074 & 0.5564 & 0.4713 & 1.0000 \end{pmatrix}$$

步骤 2 选取 $\lambda = 0.80$，λ 截矩阵 $\boldsymbol{R}_\lambda$ 为

$$\boldsymbol{R}_{0.80} = \begin{pmatrix} 1 & & & & \\ 1 & 1 & & & \\ 1 & 1 & 1 & & \\ 0 & 0 & 0 & 1 & \\ 0 & 0 & 0 & 0 & 1 \end{pmatrix}$$

步骤 3　由编网聚类做法，得

$$\boldsymbol{R}_{0.80}=\left[\begin{array}{ccccc}1 & & & & \\ | & & & & \\ \ast - & 2 & & & \\ | & | & & & \\ \ast - & \ast - & 3 & & \\ & & & 4 & \\ & & & & 5\end{array}\right]$$

步骤 4　由于只有 A_1，A_2 和 A_3 相连接，故对象集被分成三类：

$$\{A_1,A_2,A_3\},\{A_4\},\{A_5\}$$

类似地，可以得到如下结论：

当选取 $\lambda\in[0.89,\ 1)$ 时，可将对象集分成五类：$\{A_1\},\{A_2\},\{A_3\},\{A_4\},\{A_5\}$；

当选取 $\lambda\in(0.83,\ 0.88)$ 时，可将对象集分成四类：$\{A_1\},\{A_2,A_3\},\{A_4\},\{A_5\}$；

当选取 $\lambda\in[0.80,\ 0.83)$ 时，可将对象集分成三类：$\{A_1,A_2,A_3\},\{A_4\},\{A_5\}$；

当选取 $\lambda\in[0.71,\ 0.80)$ 时，可将对象集分成两类：$\{A_1,A_2,A_3,A_4\},\{A_5\}$；

当选取 $\lambda\in(0,\ 0.70)$ 时，可将对象集分成一类：$\{A_1,A_2,A_3,A_4,A_5\}$。

对比文献 [224]，发现本书中的 λ 取值与其不同，这主要是由于聚类采用的相似矩阵不同。从聚类实现过程来看，本节提出的方法计算简单方便。本节在卡方距离的基础上提出了直觉模糊相似度测度，通过与现有文献中相似度进行比较，发现虽然很多相似度出现了反直觉现象，但是新提出的相似度在这些例子中并没有出现反直觉现象，说明本节提出的相似度合理。本节基于此信息测度发展了基于直觉模糊信息的模糊聚类编网聚类方法，分类方法简单易行。最后通过车组分类的例子说明了所提出的聚类方法的有效和可行性。在将来的研究中，我们将在直觉模糊多属性决策以及图像处理等领域应用此相似度。

4.2.2　基于卡方距离和前景理论的直觉模糊决策法

定义 4.4　给定两个直觉模糊数的 $\tilde{a}=\langle\mu_1,v_1\rangle$ 和 $\tilde{b}=\langle\mu_2,v_2\rangle$。若以区间数 $\tilde{a}=\langle\mu_1,\ v_1\rangle$ 为参考点，则区间数 $\tilde{b}=\langle\mu_2,\ v_2\rangle$ 的前景价值函数为：

$$v(\tilde{b})=\begin{cases}(d(\tilde{a},\tilde{b}))^{\alpha}, & \tilde{b}\geqslant\tilde{a}\\ -\theta(d(\tilde{a},\tilde{b}))^{\beta}, & \tilde{b}<\tilde{a}\end{cases}\tag{4.27}$$

其中 $d(\tilde{a},\ \tilde{b})$ 为 $\tilde{a}$ 和 $\tilde{b}$ 间的距离。

对于多属性决策问题，设 $X=\{x_1,x_2,\cdots,x_m\}$ 为方案集，$O=\{o_1,o_2,\cdots,o_n\}$ 为属性集，$\boldsymbol{w}=(w_1,w_2,\cdots,w_n)^{\mathrm{T}}$ 为属性的权重向量，其中，$\sum\limits_{j=1}^{n}w_j=1,w_j\geqslant0,j=$

$1,2,\cdots,n$。对于方案 x_i，按属性 o_j 进行测度，得到 x_i 关于属性 o_j 的属性值为直觉模糊数 $\tilde{r}_{ij}=\langle\mu_{ij},v_{ij}\rangle$，从而构成决策矩阵 $\boldsymbol{R}=(\tilde{r}_{ij})_{m\times n}$。各属性权重信息集合为 $\boldsymbol{H}$，要求确定方案集的优劣次序。

在属性权重的信息不完全的情况下，把前景理论引入到直觉模糊数的型多属性决策中，具体的决策步骤如下：

步骤 1 确定决策矩阵 $\boldsymbol{R}=(\tilde{r}_{ij})_{m\times n}$。

步骤 2 前景理论的核心就是参照点的选取，决策者在进行决策时，将对照参照点来衡量收益或者损失。在参照点上，人们更重视预期与结果的差异，而不是结果本身，因此选择什么样的参照点是非常重要的。本节以正理想点和负理想点作为参照点。正理想方案和负理想方案分别定义为：

正理想方案：

$R^+=\{\tilde{r}_1^+,\ \tilde{r}_2^+,\ \cdots,\ \tilde{r}_n^+\}$，其中对任意的 j，$\tilde{r}_j^+=\langle 1,0\rangle$；

负理想方案：

$R^-=\{\tilde{r}_1^-,\ \tilde{r}_2^-,\ \cdots,\ \tilde{r}_n^-\}$，其中对任意的 j，$\tilde{r}_j^-=\langle 0,1\rangle$。

步骤 3 计算各方案属性值 $\tilde{r}_{ij}=\langle\mu_{ij},\ v_{ij}\rangle$ 与正、负理想点相应属性值的距离 $d(\tilde{r}_{ij},\ \tilde{r}_j^+)$ 和 $d(\tilde{r}_{ij},\ \tilde{r}_j^-)$，其中在 $d(A,B)$ 表示两直觉模糊数 $A=\langle\mu_A,\ v_A\rangle$ 与 $B=\langle\mu_B,\ v_B\rangle$ 之间的卡方距离（式（4.24）和式（4.25）），于是有

$$d(\tilde{r}_{ij},\tilde{r}_j^+)=\frac{(1-\mu_{ij})^2}{2+\mu_{ij}}+\frac{v_{ij}^2}{1+v_{ij}} \tag{4.28}$$

$$d(\tilde{r}_{ij},\tilde{r}_j^-)=\frac{\mu_{ij}^2}{1+\mu_{ij}}+\frac{(1-v_{ij})^2}{2+v_{ij}} \tag{4.29}$$

则可以得到 x_i 到正理想方案的距离集为

$$D^+=(d(\tilde{r}_{ij},\tilde{r}_j^+))_{m\times n}=\begin{bmatrix} d(\tilde{r}_{11},\tilde{r}_1^+) & d(\tilde{r}_{12},\tilde{r}_2^+) & \cdots & d(\tilde{r}_{1n},\tilde{r}_n^+) \\ d(\tilde{r}_{21},\tilde{r}_1^+) & d(\tilde{r}_{22},\tilde{r}_2^+) & \cdots & d(\tilde{r}_{2n},\tilde{r}_n^+) \\ \vdots & \vdots & \ddots & \vdots \\ d(\tilde{r}_{m1},\tilde{r}_1^+) & d(\tilde{r}_{m2},\tilde{r}_2^+) & \cdots & d(\tilde{r}_{mn},\tilde{r}_n^+) \end{bmatrix}$$

x_i 到负理想方案的距离集为：

$$D^-=(d(\tilde{r}_{ij},\tilde{r}_j^-))_{m\times n}=\begin{bmatrix} d(\tilde{r}_{11},\tilde{r}_1^-) & d(\tilde{r}_{12},\tilde{r}_2^-) & \cdots & d(\tilde{r}_{1n},\tilde{r}_n^-) \\ d(\tilde{r}_{21},\tilde{r}_1^-) & d(\tilde{r}_{22},\tilde{r}_2^-) & \cdots & d(\tilde{r}_{2n},\tilde{r}_n^-) \\ \vdots & \vdots & \ddots & \vdots \\ d(\tilde{r}_{m1},\tilde{r}_1^-) & d(\tilde{r}_{m2},\tilde{r}_2^-) & \cdots & d(\tilde{r}_{mn},\tilde{r}_n^-) \end{bmatrix}$$

步骤 4 确定各方案的属性收益值和损失值。

当以负理想方案 R^- 作为参考点时，方案 A_i 优于 R^-。对于决策者而言，此

时他是面临收益的。则由前景理论知，这时决策者是风险厌恶型的。由定义4.4选择 $v_{ij}^{+}=(d(\tilde{r}_{ij},\ r_j^{-}))^{\alpha}$ 作为正前景值，简记为 v_{ij}^{+}。

当以正理想方案 R^{+} 作为参考点时，方案 A_i 劣于 R^{+}。对于决策者而言，此时他是面临损失的。则由前景理论知，这时决策者是风险偏好型的。由定义4.4选择 $v^{-}(\tilde{r}_{ij})=-\theta(d(\tilde{r}_{ij},r_j^{+}))^{\beta}$ 作为负前景值，简记为 v_{ij}^{-}。

步骤5　计算各个备选方案的综合前景值。

设 $\pi^{+}(w_j)$ 和 $\pi^{-}(w_j)$ 分别为决策者面临收益和损失时的前景权重函数，则方案 A_i 的综合前景值为正负前景值之和，即

$$V_i=\sum_{j=1}^{n}v_{ij}^{+}\pi^{+}(w_j)+\sum_{j=1}^{n}v_{ij}^{-}\pi^{-}(w_j) \tag{4.30}$$

其中

$$\pi^{+}(w_j)=\frac{w_j^{\gamma^{+}}}{[w_j^{\gamma^{+}}+(1-w_j)^{\gamma^{+}}]^{1/\gamma^{+}}},\pi^{-}(w_j)=\frac{w_j^{\gamma^{-}}}{[w_j^{\gamma^{-}}+(1-w_j)^{\gamma^{-}}]^{1/\gamma^{-}}}$$

根据文献［225，226］的研究结果，本节将前景效用价值函数和前景权重函数中的参数取为

$$\alpha=\beta=0.88,\ \theta=2.25,\ \gamma^{+}=0.61,\ \gamma^{-}=0.69$$

步骤6　确定最优指标权重。

设各备选方案的决策属性权重向量为 $\boldsymbol{w}=(w_1,\ w_2,\ \cdots,\ w_n)$，且 $\sum_{j=1}^{n}w_j=1$。已知的部分属性权重信息集合为

$$\boldsymbol{H}=\{\boldsymbol{w}=(w_1,w_2,\cdots,w_n)\mid 0\leqslant a_j\leqslant w_j\leqslant b_j\leqslant 1,j=1,2,\cdots,n\}$$

这里假设决策者对各备选方案是无偏好的，即各方案之间是公平竞争的。对于每个方案 A_i 而言，其综合前景值总是越大越好，因此可建立优化模型，其目标函数为

$$\max V=(V_1,V_2,\cdots,V_m)$$

由于各方案之间是公平竞争的，故可得到优化模型

$$\max V=\sum_{i=1}^{m}V_i=\sum_{i=1}^{m}\sum_{j=1}^{n}v_{ij}^{+}\pi^{+}(w_j)+\sum_{i=1}^{m}\sum_{j=1}^{n}v_{ij}^{-}\pi^{-}(w_j)$$

$$\text{s.t.}\begin{cases}\boldsymbol{w}\in H\\ \sum_{j=1}^{n}w_j=1\\ w_j\geqslant 0,\ j=1,2,\cdots,n\end{cases} \tag{4.31}$$

通过Matlab软件编程求解上述模型，可得到最优属性权重向量

$$\boldsymbol{w}^{*}=(w_1^{*},w_2^{*},\cdots,w_n^{*})$$

步骤6　计算备选方案 A_i 的最优综合前景值

$$V_i^* = \sum_{j=1}^{n} v_{ij}^{+}\pi^{+}(w_j^*) + \sum_{j=1}^{n} v_{ij}^{-}\pi^{-}(w_j^*) \tag{4.32}$$

按最优综合前景值 $V_i(i=1, 2, \cdots, m)$ 从大到小进行排序，便可得到各个备选方案的优劣排序。

4.2.3 算例分析

例 4.2 某风险投资公司打算用手头闲置的一大笔资金投资一个研发项目以期获得更大的收益，经过前期市场调研和分析，筛选出 4 个备选研发项目 A_1，A_2，A_3，A_4。为降低项目投资的风险和尽可能多地获得利润，公司聘请了 3 位专家（决策者）p_1，p_2，p_3 来对备选方案进行评估，并赋予 3 位专家的决策权重分别为 0.3，0.4 和 0.3。评估时参照的评估属性分别为组织能力（o_1）、信贷质量（o_2）、研发水平（o_3）、盈利能力（o_4）、债务偿还能力（o_5）。各专家分别给出各备选方案在决策属性下的评价值，评价信息见表 4.3 ~ 表 4.5。通过专家组讨论与协商共同确定了各个决策属性权重的部分权重信息：

$$H = \{w = (w_1, w_2, w_3, w_4, w_5) \mid w_2 \geq 2w_1;\ -0.5 \leq w_1 - w_4 \leq 0.1; w_5 \leq 2w_3;\ w_2 \leq 0.4; w_4 - w_5 \geq w_2 - w_3; w_5 \geq 0.05; w_1 + w_2 + w_3 \geq 0.3\}$$

现在的任务是，根据专家组给出的评价信息，选出最优的备选研发项目。

表 4.3 专家 p_1 给出的直觉模糊数决策矩阵

备选方案	评估属性				
	o_1	o_2	o_3	o_4	o_5
A_1	⟨0.6,0.1⟩	⟨0.5,0.5⟩	⟨0.3,0.5⟩	⟨0.6,0.2⟩	⟨0.5,0.5⟩
A_2	⟨0.7,0.2⟩	⟨0.3,0.2⟩	⟨0.4,0.3⟩	⟨0.8,0.2⟩	⟨0.4,0.4⟩
A_3	⟨0.4,0.1⟩	⟨0.4,0.3⟩	⟨0.5,0.5⟩	⟨0.8,0.1⟩	⟨0.7,0.3⟩
A_4	⟨0.3,0.2⟩	⟨0.4,0.4⟩	⟨0.7,0.3⟩	⟨0.5,0.2⟩	⟨0.9,0.1⟩

表 4.4 专家 p_2 给出的直觉模糊数决策矩阵

备选方案	评估属性				
	o_1	o_2	o_3	o_4	o_5
A_1	⟨0.6,0.2⟩	⟨0.6,0.3⟩	⟨0.4,0.4⟩	⟨0.7,0.2⟩	⟨0.4,0.5⟩
A_2	⟨0.6,0.2⟩	⟨0.5,0.3⟩	⟨0.5,0.3⟩	⟨0.7,0.3⟩	⟨0.5,0.3⟩
A_3	⟨0.5,0.1⟩	⟨0.4,0.2⟩	⟨0.6,0.3⟩	⟨0.8,0.1⟩	⟨0.6,0.3⟩
A_4	⟨0.3,0.2⟩	⟨0.4,0.4⟩	⟨0.7,0.3⟩	⟨0.5,0.2⟩	⟨0.9,0.1⟩

表 4.5　专家 p_3 给出的直觉模糊数决策矩阵

备选方案	评估属性				
	o_1	o_2	o_3	o_4	o_5
A_1	〈0.7,0.1〉	〈0.6,0.4〉	〈0.4,0.4〉	〈0.7,0.3〉	〈0.4,0.3〉
A_2	〈0.6,0.1〉	〈0.4,0.2〉	〈0.6,0.4〉	〈0.7,0.1〉	〈0.4,0.2〉
A_3	〈0.5,0.2〉	〈0.5,0.4〉	〈0.5,0.4〉	〈0.8,0.2〉	〈0.6,0.4〉
A_4	〈0.5,0.3〉	〈0.6,0.4〉	〈0.6,0.2〉	〈0.6,0.3〉	〈0.8,0.2〉

步骤 1　利用直觉模糊集加权集结算子，对 3 位专家的决策信息矩阵进行信息集结，得到综合评价决策矩阵，见表 4.6。

表 4.6　三位专家的综合直觉模糊数决策矩阵

备选方案	评估属性				
	o_1	o_2	o_3	o_4	o_5
A_1	〈0.6331,0.1320〉	〈0.5723,0.3812〉	〈0.3716,0.4277〉	〈0.6730,0.2259〉	〈0.4319,0.4290〉
A_2	〈0.6331,0.1625〉	〈0.4158,0.2352〉	〈0.5061,0.3270〉	〈0.7344,0.1911〉	〈0.4422,0.2896〉
A_3	〈0.4719,0.1231〉	〈0.4319,0.2781〉	〈0.5427,0.3812〉	〈0.8000,0.1231〉	〈0.6331,0.3270〉
A_4	〈0.3672,0.2259〉	〈0.4687,0.4000〉	〈0.6730,0.2656〉	〈0.5324,0.2259〉	〈0.8769,0.1231〉

步骤 2　给定正负理想方案，见表 4.7。

表 4.7　正负理想方案

	o_1	o_2	o_3	o_4	o_5
正	〈1,0〉	〈1,0〉	〈1,0〉	〈1,0〉	〈1,0〉
负	〈0,1〉	〈0,1〉	〈0,1〉	〈0,1〉	〈0,1〉

步骤 3　由式（4.28）和式（4.29）分别算出各方案到正负理想方案的距离集。计算结果见表 4.8 和表 4.9。

表 4.8　各方案与正理想方案各个属性值间的距离集

	$\tilde{r}_1^+$	$\tilde{r}_2^+$	$\tilde{r}_3^+$	$\tilde{r}_4^+$	$\tilde{r}_5^+$
A_1	0.0665	0.1763	0.2946	0.0816	0.2615
A_2	0.0738	0.1861	0.1779	0.0565	0.1924
A_3	0.1263	0.1932	0.1875	0.0278	0.1317
A_4	0.2108	0.2286	0.0958	0.1280	0.0188

表 4.9 各方案与负理想方案各个属性值间的距离集

	$\tilde{r}_1^-$	$\tilde{r}_2^-$	$\tilde{r}_3^-$	$\tilde{r}_4^-$	$\tilde{r}_5^-$
A_1	0.5989	0.3691	0.2356	0.5399	0.2645
A_2	0.5698	0.3838	0.3647	0.6096	0.3560
A_3	0.5135	0.3591	0.3517	0.7177	0.4400
A_4	0.3679	0.2996	0.5087	0.4542	0.7719

步骤 4 计算 $v_{ij}^- = -\theta(d(\tilde{r}_{ij}, r_j^+))^\beta$ 与 $v_{ij}^+ = (d(\tilde{r}_{ij}, r_j^-))^\alpha$，这里取 $\alpha=\beta=0.88$，$\theta=2.25$。得正前景值矩阵和负前景值矩阵，见表 4.10 和表 4.11。

表 4.10 正前景值矩阵

备选方案	评估属性				
	o_1	o_2	o_3	o_4	o_5
A_1	0.6369	0.4160	0.2802	0.5814	0.3103
A_2	0.6096	0.4305	0.4116	0.6469	0.4030
A_3	0.5562	0.4060	0.3987	0.7469	0.4856
A_4	0.4148	0.3462	0.5517	0.4993	0.7962

表 4.11 负前景值矩阵

备选方案	评估属性				
	o_1	o_2	o_3	o_4	o_5
A_1	-0.2072	-0.4886	-0.7676	-0.2481	-0.6910
A_2	-0.2271	-0.5123	-0.4925	-0.1793	-0.5276
A_3	-0.3643	-0.5295	-0.5156	-0.0961	-0.3780
A_4	-0.5717	-0.6140	-0.2855	-0.3685	-0.0680

步骤 5 取 $\gamma^+=0.61$，$\gamma^-=0.69$，利用 Matlab 软件求解模型式（4.31）得到最优属性权重向量：

$$w^* = (0.1334, 0.3000, 0.1333, 0.1333, 0.3000)$$

步骤 6 求出每个方案的最优综合前景值：

$$V_1 = -0.1074, V_2 = -0.0029, V_3 = 0.0335, V_4 = 0.0841$$

步骤 7 按最优综合前景值大小的顺序排列，得到的方案是：$A_4 > A_3 > A_2 > A_1$。故最优方案为 A_4。

4.3　基于前景理论的广义直觉梯形模糊数型多属性决策研究

4.3.1　一类新的广义直觉梯形模糊数排序函数

本节将前景理论引入广义直觉梯形模糊数型多属性决策，提出基于累积前景理论的信息不完全的广义直觉梯形模糊数型多属性决策方法，最后通过算例分析证明所提出的方法的有效性和可行性。

广义直觉梯形模糊数的有关定义和性质见2.4节。由于对两个任意的模糊数 $\tilde{A}$ 和 $\tilde{B}$ 的大小关系可以通过它们的截集来度量，而两个广义直觉梯形模糊数 $\tilde{A}$ 和 $\tilde{B}$ 的 α－截集与 β－截集均为区间数，且 α 和 β 是任意取值的，所以为消除它们的任意性并使直觉梯形模糊数的比较能够反映决策者的风险态度，定义4.5提出了一种新的考虑决策者风险态度的广义直觉梯形模糊数的排序函数。

定义4.5　设 $\tilde{A}=\langle(a_1,a_2,a_3,a_4),\mu_{\tilde{A}},(b_1,b_2,b_3,b_4),v_{\tilde{A}}\rangle$ 为一任意广义直觉梯形模糊数，$P_1(\alpha)$ 和 $P_2(\beta)$ 分别是定义在闭区间［0，1］上的任意单调递增和单调递减的可测函数，对于任意的 $\varepsilon\in[-0.5,\ 0.5]$，定义函数 $F(A,\ \varepsilon)$ 如下：

$$
\begin{aligned}
F(\tilde{A},\varepsilon) = &\int_0^{\mu_{\tilde{A}}}[(0.5-\varepsilon)\tilde{A}_\alpha^L+(0.5+\varepsilon)\tilde{A}_\alpha^U]\mathrm{d}P_1(\alpha)+\\
&\int_{v_{\tilde{A}}}^1[(0.5-\varepsilon)\tilde{A}_\beta^L+(0.5+\varepsilon)\tilde{A}_\beta^U]\mathrm{d}P_2(\beta)
\end{aligned}
\tag{4.33}
$$

称 $F(\tilde{A},\ \varepsilon)$ 为考虑决策者心态的广义直觉梯形模糊数的排序函数。

当 $P_1(\alpha)=\alpha^{r+1},P_2(\beta)=(1-\beta)^{r+1}$ 时，有

$$
\begin{aligned}
F_1(A,\varepsilon) &= \int_0^{\mu_{\tilde{A}}}[(0.5-\varepsilon)A_\alpha^l+(0.5+\varepsilon)A_\alpha^u]\mathrm{d}\alpha^{r+1}\\
&=\int_0^{\mu_{\tilde{A}}}\left\{(0.5-\varepsilon)\left[a_1+\frac{(a_2-a_1)\alpha}{\mu_{\tilde{A}}}\right]+(0.5+\varepsilon)\right.\\
&\quad\left.\left[a_4-\frac{(a_4-a_3)\alpha}{\mu_{\tilde{A}}}\right]\right\}\mathrm{d}\alpha^{r+1}\\
&=\int_0^{\mu_{\tilde{A}}}\left\{(0.5-\varepsilon)\left[a_1+\frac{(a_2-a_1)\alpha}{\mu_{\tilde{A}}}\right]+(0.5+\varepsilon)\right.\\
&\quad\left.\left[a_4-\frac{(a_4-a_3)\alpha}{\mu_{\tilde{A}}}\right]\right\}(r+1)\alpha^r\mathrm{d}\alpha\\
&=[(0.5-\varepsilon)a_1+(0.5+\varepsilon)a_4]\mu_{\tilde{A}}^{r+1}+\\
&\quad\int_0^{\mu_{\tilde{A}}}[(0.5-\varepsilon)(a_2-a_1)+(0.5+\varepsilon)(a_3-a_4)](r+1)\alpha^{r+1}\mathrm{d}\alpha\\
&=[(0.5-\varepsilon)a_1+(0.5+\varepsilon)a_4]\mu_{\tilde{A}}^{r+1}+\frac{r+1}{r+2}[(0.5-\varepsilon)
\end{aligned}
$$

$$(a_2 - a_1) + (0.5 + \varepsilon)(a_3 - a_4)]\mu_{\tilde{A}}^{r+1}$$

$$= \frac{1}{r+2}[(0.5 - \varepsilon)a_1 + (r+1)(0.5 - \varepsilon)a_2 + (r+1)$$

$$(0.5 + \varepsilon)a_3 + (0.5 + \varepsilon)a_4]\mu_{\tilde{A}}^{r+1}$$

$$F_2(\tilde{A},\varepsilon) = \int_{v_{\tilde{A}}}^{1}[(0.5 - \varepsilon)A_\beta^l + (0.5 + \varepsilon)A_\beta^u]\mathrm{d}(1 - \beta)^{r+1}$$

$$= \int_{v_{\tilde{A}}}^{1}\left\{(0.5 - \varepsilon)\left[b_1 + \frac{(b_2 - b_1)(1 - \beta)}{1 - v_{\tilde{A}}}\right] + \right.$$

$$\left.(0.5 + \varepsilon)\left[b_4 - \frac{(b_4 - b_3)(1 - \beta)}{1 - v_{\tilde{A}}}\right]\right\}\mathrm{d}(1 - \beta)^{r+1}$$

$$= \int_{v_{\tilde{A}}}^{1}\left\{(0.5 - \varepsilon)\left[b_1 + \frac{(b_2 - b_1)(1 - \beta)}{1 - v_{\tilde{A}}}\right] + \right.$$

$$\left.(0.5 + \varepsilon)\left[b_4 - \frac{(b_4 - b_3)(1 - \beta)}{1 - v_{\tilde{A}}}\right]\right\}(r+1)(1 - \beta)^r\mathrm{d}(1 - \beta)$$

$$= [(0.5 - \varepsilon)b_1 + \lambda b_4](1 - v_{\tilde{A}})^{r+1} +$$

$$\int_0^1 \frac{(0.5 - \varepsilon)(b_2 - b_1) + (0.5 + \varepsilon)(b_3 - b_4)}{1 - v_{\tilde{A}}}$$

$$(r+1)(1 - \beta)^{r+1}\mathrm{d}(1 - \beta)$$

$$= [(0.5 - \varepsilon)b_1 + \lambda b_4](1 - v_{\tilde{A}})^{r+1} + \frac{r+1}{r+2}$$

$$[(0.5 - \varepsilon)(b_2 - b_1) + (0.5 + \varepsilon)(b_3 - b_4)](1 - v_{\tilde{A}})^{r+1}$$

$$= \frac{1}{r+2}[(0.5 - \varepsilon)b_1 + (r+1)(0.5 - \varepsilon)b_2 +$$

$$(r+1)(0.5 + \varepsilon)b_3 + (0.5 + \varepsilon)b_4](1 - v_{\tilde{A}})^{r+1}$$

从而当 $P_1(\alpha) = \alpha^{r+1}, P_2(\beta) = (1 - \beta)^{r+1}$ 时，考虑决策者风险态度的广义直觉梯形模糊数排序函数为

$$F(A,\varepsilon) = \frac{1}{r+2}[(0.5 - \varepsilon)a + (r+1)(0.5 - \varepsilon)b + (r+1)$$

$$(0.5 + \varepsilon)c + (0.5 + \varepsilon)d] \times [\mu_{\tilde{A}}^{r+1} + (1 - v_{\tilde{A}})^{r+1}] \quad (4.34)$$

定义 4.6 设 $\tilde{A}_1 = \langle(a_1, b_1, c_1, d_1), \mu_{\tilde{A}_2}, v_{\tilde{A}_2}\rangle$ 和 $\tilde{A}_2 = \langle(a_2, b_2, c_2, d_2), \mu_{\tilde{A}_2}, v_{\tilde{A}_2}\rangle$ 为两个任意的直觉梯形模糊数，广义直觉梯形模糊数 $\tilde{A}_1$ 和 $\tilde{A}_2$ 的大小关系定义如下：

（1）若对于任意的实数 $\varepsilon \in [-0.5, 0.5]$ 均有 $F(\tilde{A}_1,\varepsilon) \leqslant F(\tilde{A}_2,\varepsilon)$，则称 $\tilde{A}_1$ 小于 $\tilde{A}_2$，记作：$\tilde{A}_1 \leqslant \tilde{A}_2$；

（2）若对于任意的实数 $\varepsilon \in [-0.5,0.5]$ 均有 $F(\tilde{A}_1,\varepsilon) = F(\tilde{A}_2,\varepsilon)$，则称 $\tilde{A}_1$ 等于 $\tilde{A}_2$，记作：$\tilde{A}_1 = \tilde{A}_2$；

（3）若对于任意的实数 $\varepsilon\in[-0.5,r]\subset[-0.5,0.5]$，均有 $F(\tilde{A}_1,\varepsilon)\leqslant F(\tilde{A}_2,\varepsilon)$，而对于任意的实数 $\varepsilon\in[r,0.5]\subset[-0.5,0.5]$，均有 $F(\tilde{A}_1,\varepsilon)\geqslant F(\tilde{A}_2,\varepsilon)$，则对风险规避型决策者而言，模糊数 $\tilde{A}_1\leqslant\tilde{A}_2$；对于乐观型决策者而言，模糊数 $\tilde{A}_1\geqslant\tilde{A}_2$。

特别地，当 $r=0$，$\varepsilon=0$ 时，有

$$F(\tilde{A},\varepsilon)=\frac{1}{8}(a_1+b_1+a_2+b_2+a_3+b_3+a_4+b_4)\times(1+\mu_{\tilde{A}}-v_{\tilde{A}}) \quad (4.35)$$

此时恰为 Wang 和 Zhang（2009）直觉梯形模糊数的期望值。

当 $r=1$，$\varepsilon=-0.5$ 时，有

$$F(\tilde{A},\varepsilon)=\frac{1}{12}(a_1+b_1+2a_2+2b_2+2a_3+2b_3+a_4+b_4)\times[\mu_{\tilde{A}}^2+(1-v_{\tilde{A}})^2] \quad (4.36)$$

此时为李登峰（2012）所提出的直觉梯形模糊数的加权均值。

定义 4.7　设 $\tilde{A}_1=\langle(a_{11},a_{12},a_{13},a_{14}),\mu_{\tilde{A}_1},(b_{11},b_{12},b_{13},b_{14}),v_{\tilde{A}_1}\rangle$ 和 $\tilde{A}_2=\langle(a_{11},a_{12},a_{13},a_{14}),\mu_{\tilde{A}_2},(b_{11},b_{12},b_{13},b_{14}),v_{\tilde{A}_2}\rangle$ 为两个任意的广义直觉梯形模糊数，$\tilde{A}_1$ 和 $\tilde{A}_2$ 的大小关系定义如下：

（1）若对于任意的实数 $\varepsilon\in[-0.5,0.5]$ 均有 $F(\tilde{A}_1,\varepsilon)\leqslant F(\tilde{A}_2,\varepsilon)$，则称 $\tilde{A}_1$ 小于 $\tilde{A}_2$，记作：$\tilde{A}_1\leqslant\tilde{A}_2$；

（2）若对于任意的实数 $\varepsilon\in[-0.5,0.5]$ 均有 $F(\tilde{A}_1,\varepsilon)=F(\tilde{A}_2,\varepsilon)$，则称 $\tilde{A}_1$ 等于 $\tilde{A}_2$，记作：$\tilde{A}_1=\tilde{A}_2$；

（3）若对于任意的实数 $\varepsilon\in[-0.5,\mathrm{r}]\subset[-0.5,0.5]$，均有 $F(\tilde{A}_1,\varepsilon)\leqslant F(\tilde{A}_2,\varepsilon)$，而对于任意的实数 $\varepsilon\in[r,0.5]\subset[-0.5,0.5]$，均有 $F(\tilde{A}_1,\varepsilon)\geqslant F(\tilde{A}_2,\varepsilon)$，则对风险规避型决策者而言，模糊数 $\tilde{A}_1\leqslant\tilde{A}_2$；对于乐观型决策者而言，模糊数 $\tilde{A}_1\geqslant\tilde{A}_2$。

定义 4.8　给定两任意的广义直觉梯形模糊数 $\tilde{A}_1=\langle(a_{11},a_{12},a_{13},a_{14}),\mu_{\tilde{A}_1},(b_{11},b_{12},b_{13},b_{14}),v_{\tilde{A}_1}\rangle$ 和 $\tilde{A}_2=\langle(a_{11},a_{12},a_{13},a_{14}),\mu_{\tilde{A}_2},(b_{11},b_{12},b_{13},b_{14}),v_{\tilde{A}_2}\rangle$，若以 $\tilde{A}_1$ 为参考点，则广义直觉梯形模糊数 $\tilde{A}_2$ 的前景价值函数为

$$v(\tilde{A}_2)=\begin{cases}(d(\tilde{A}_1,\tilde{A}_2))^{\alpha}, & \tilde{A}_2\geqslant\tilde{A}_1\\ -\theta(d(\tilde{A}_1,\tilde{A}_2))^{\beta}, & \tilde{A}_2<\tilde{A}_1\end{cases} \quad (4.37)$$

其中 $d(\tilde{A}_1,\tilde{A}_2)$ 为 $\tilde{A}_1$ 和 $\tilde{A}_2$ 间的距离。

对于任一广义直觉梯形模糊数 $\tilde{A}=\langle(a_1,a_2,a_3,a_4),\mu_{\tilde{A}},(b_1,b_2,b_3,b_4),v_{\tilde{A}}\rangle$，其（$\alpha$，$\beta$）-截集定义为 $\tilde{A}_{\alpha,\beta}=\{x\mid\mu_{\tilde{a}}(x)\geqslant\alpha,\ v_{\tilde{a}}(x)\leqslant\beta\}$，$\alpha$-截集定义为 $\tilde{a}_{\alpha}=\{x\mid\mu_{\tilde{a}}(x)\geqslant\alpha\}$，$\beta$-截集定义为 $\tilde{a}_{\beta}=\{x\mid v_{\tilde{a}}(x)\leqslant\beta\}$，其中 $0\leqslant\alpha\leqslant\mu_A,v_A\leqslant\beta\leqslant1$ 和 $0\leqslant\alpha+\beta\leqslant1$。由 2.4 节知

$$\tilde{A}_{\alpha}=[\tilde{A}_{\alpha}^{\mathrm{L}},\tilde{A}_{\alpha}^{\mathrm{U}}]=\left[a_1+\frac{(a_2-a_1)\alpha}{\mu_{\tilde{A}}},a_4-\frac{(a_4-a_3)\alpha}{\mu_{\tilde{A}}}\right]$$

$$\tilde{A}_\beta = [\tilde{A}_\beta^{\mathrm{L}}, \tilde{A}_\beta^{\mathrm{U}}] = \left[b_1 + \frac{(b_2 - b_1)(1-\beta)}{1 - v_{\tilde{A}}}, b_4 - \frac{(b_4 - b_3)(1-\beta)}{1 - v_{\tilde{A}}} \right]$$

设 $\tilde{A}$ 和 $\tilde{B}$ 为两个任意的广义直觉梯形模糊数，则定义如下一类新的信息测度：

$$\begin{aligned} d(\tilde{A},\tilde{B}) = & \left(\int_0^{\min(\mu_{\tilde{A}},\mu_{\tilde{B}})} (\tilde{A}_\alpha^{\mathrm{L}} - \tilde{B}_\alpha^{\mathrm{L}})^2 \mathrm{d}\alpha + \int_0^{\min(\mu_{\tilde{A}},\mu_{\tilde{B}})} (\tilde{A}_\alpha^{\mathrm{U}} - \tilde{B}_\alpha^{\mathrm{U}})^2 \mathrm{d}\alpha \right)^{1/2} + \\ & \left(\int_{\max(v_{\tilde{A}},v_{\tilde{B}})}^1 (\tilde{A}_\beta^{\mathrm{L}} - \tilde{B}_\beta^{\mathrm{L}})^2 \mathrm{d}\beta + \int_{\max(v_{\tilde{A}},v_{\tilde{B}})}^1 (\tilde{A}_\beta^{\mathrm{U}} - \tilde{B}_\beta^{\mathrm{U}})^2 \mathrm{d}\beta \right)^{1/2} + \\ & \frac{1}{2}(|\mu_{\tilde{A}} - \mu_{\tilde{B}}| + |v_{\tilde{A}} - v_{\tilde{B}}| + |\pi_{\tilde{A}} - \pi_{\tilde{B}}|) \end{aligned} \tag{4.38}$$

易证测度 $d(\tilde{A}, \tilde{B})$ 满足非负性、对称性和三角不等式，因此 $d(\tilde{A}, \tilde{B})$ 为距离测度。

4.3.2 基于前景理论的广义直觉梯形模糊数型多属性决策法

在属性权重的信息不完全的情况下，把前景理论引入到广义直觉梯形模糊数型多属性决策方中来，具体的决策步骤如下。

步骤 1 建立广义直觉梯形模糊多属性决策模型。

对一个多属性决策问题，如果属性评估值或属性权重信息中包含有广义直觉梯形模糊数，此时称该问题是一个广义直觉梯形模糊数型多属性决策问题。为描述方便，下列符号表示决策中的集合或量：

$X = \{x_1, x_2, \cdots, x_m\}$：$m$ 个备选方案的集合（$m \geqslant 2$）。

$O = \{o_1, o_2, \cdots, o_n\}$：$n$ 个属性组成的集合（$n \geqslant 2$），其中 o_j 表示第 j 个评价属性。

$\boldsymbol{w} = (w_1, w_2, \cdots, w_m)^{\mathrm{T}}$：表示属性权重向量。这是因为在决策过程中，不同的属性通常有不同的权重。根据决策问题的不同以及决策者的经验以及对问题的熟悉程度，可以事先给出部分属性权重信息。这里 $w_j \geqslant 0$ 为属性 $o_j (j = 1, 2, \cdots, n)$ 的权重信息，满足 $w_j \geqslant 0 (j = 1, 2, \cdots, n)$ 和 $\sum_{j=1}^{n} w_j = 1$。当属性权重信息部分已知时，记已知的部分权重信息的数学表达式的集合为 H。

$\tilde{a}_{ij} = \langle (a_{ij1}, a_{ij2}, a_{ij3}, a_{ij4}), \mu_{\tilde{a}_{ij}}, (b_{ij1}, b_{ij2}, b_{ij3}, b_{ij4}), v_{\tilde{a}_{ij}} \rangle$：表示专家给出的方案 A_i 在属性 o_j 下的评价值。

因而得到专家给出的直觉模糊决策矩阵 $\tilde{\boldsymbol{A}} = (\tilde{a}_{ij})_{m \times n}$。

步骤 2 规范化决策矩阵 $\tilde{\boldsymbol{A}} = (\tilde{a}_{ij})_{m \times n}$。

通过规范化处理消除不同物理量纲对决策结果的影响。设 $I_j (j = 1, 2)$ 分别表示效益型、成本型属性的下标集合。采用规范化变换式（4.38）和式（4.39），将决策矩阵 $\tilde{\boldsymbol{A}}$ 转化为规范化决策矩阵 $\tilde{\boldsymbol{R}} = (\tilde{r}_{ij})_{m \times n}$，其中

$$\tilde{r}_{ij} = \langle (c_{ij1}, c_{ij2}, c_{ij3}, c_{ij4}), \mu_{\tilde{r}_{ij}}, (d_{ij1}, d_{ij2}, d_{ij3}, d_{ij4}), v_{\tilde{r}_{ij}} \rangle$$

$$\begin{cases} c_{ijk} = \dfrac{a_{ijk} - \min\limits_i \{a_{ij1}\}}{\max\limits_i \{a_{ij4}\} - \min\limits_i \{a_{ij1}\}} \\ d_{ijk} = \dfrac{b_{ijk} - \min\limits_i \{b_{ij1}\}}{\max\limits_i \{b_{ij4}\} - \min\limits_i \{b_{ij1}\}} \end{cases}, \quad i \in M, j \in I_1 \tag{4.39}$$

$$\begin{cases} c_{ijk} = \dfrac{\max\limits_i \{a_{ij4}\} - a_{ij(4-k)}}{\max\limits_i \{a_{ij4}\} - \min\limits_i \{a_{ij4}\}} \\ d_{ijk} = \dfrac{\max\limits_i \{b_{ij4}\} - b_{ij(4-k)}}{\max\limits_i \{b_{ij4}\} - \min\limits_i \{b_{ij4}\}} \end{cases}, \quad k = 1,2,3,4; i \in M, j \in I_2 \tag{4.40}$$

和

$$\mu_{\tilde{r}_{ij}} = \mu_{\tilde{a}_{ij}}, v_{\tilde{r}_{ij}} = v_{\tilde{a}_{ij}} \tag{4.41}$$

步骤 3 选取参照点。

参照点的选取是前景理论决策法中非常重要的内容，因为在进行决策时，决策者会比照参照点对收益或者损失进行衡量。对于参照点，决策者不仅重视结果本身，还更重视预期与结果的差异，因此参照点的选择尤为重要。本书以正理想方案和负理想方案作为参照点。对于规范化后的矩阵 $\tilde{\boldsymbol{R}}$，相应的正理想、负理想方案分别定义如下。

正理想方案定义为：

$$x^+ = \{\tilde{r}_1^+, \tilde{r}_2^+, \cdots, \tilde{r}_n^+\}$$

其中 $\tilde{r}_j^+ = \langle (1, 1, 1, 1), 1, (1, 1, 1, 1), 0 \rangle$。

负理想方案定义为

$$x^- = \{\tilde{r}_1^-, \tilde{r}_2^-, \cdots, \tilde{r}_n^-\}$$

其中 $\tilde{r}_j^- = \langle (0, 0, 0, 0), 0, (0, 0, 0, 0), 1 \rangle$。

步骤 4 根据步骤 3 中定义的正负理想方案，计算各方案 x_i 分别到正负理想方案的距离。

$$d(\tilde{r}_{ij}, \tilde{r}_j^+) = \left(\int_0^{\mu_{\tilde{r}_{ij}}} ((\tilde{r}_{ij})_\alpha^{\mathrm{L}} - 1)^2 \mathrm{d}\alpha + \int_0^{\mu_{\tilde{r}_{ij}}} ((\tilde{r}_{ij})_\alpha^{\mathrm{U}} - 1)^2 \mathrm{d}\alpha\right)^{1/2} + \left(\int_{v_{\tilde{r}_{ij}}}^1 ((\tilde{r}_{ij})_\beta^{\mathrm{L}} - 1)^2 \mathrm{d}\beta + \int_{v_{\tilde{r}_{ij}}}^1 ((\tilde{r}_{ij})_\beta^{\mathrm{U}} - 1)^2 \mathrm{d}\beta\right)^{1/2} + \frac{1}{2}(|\mu_{\tilde{r}_{ij}} - 1| + |v_{\tilde{r}_{ij}}| + |\mu_{\tilde{r}_{ij}} + v_{\tilde{r}_{ij}}|) \tag{4.42}$$

和

$$d(\tilde{r}_{ij}, \tilde{r}_j^-) = \frac{1}{2}(|\mu_{\tilde{r}_{ij}}| + |v_{\tilde{r}_{ij}} - 1| + |\mu_{\tilde{r}_{ij}} + v_{\tilde{r}_{ij}}|) \tag{4.43}$$

得到备选方案 x_i 到正负理想方案的距离决策矩阵分别为：

$$D^{+}=(d(\tilde{r}_{ij},\tilde{r}_j^{+}))_{m\times n}=\begin{bmatrix} d(\tilde{r}_{11},\tilde{r}_1^{+}) & d(\tilde{r}_{12},\tilde{r}_2^{+}) & \cdots & d(\tilde{r}_{1n},\tilde{r}_n^{+}) \\ d(\tilde{r}_{21},\tilde{r}_1^{+}) & d(\tilde{r}_{22},\tilde{r}_2^{+}) & \cdots & d(\tilde{r}_{2n},\tilde{r}_n^{+}) \\ \vdots & \vdots & \ddots & \vdots \\ d(\tilde{r}_{m1},\tilde{r}_1^{+}) & d(\tilde{r}_{m2},\tilde{r}_2^{+}) & \cdots & d(\tilde{r}_{mn},\tilde{r}_n^{+}) \end{bmatrix} \tag{4.44}$$

$$D^{-}=(d(\tilde{r}_{ij},\tilde{r}_j^{-}))_{m\times n}=\begin{bmatrix} d(\tilde{r}_{11},\tilde{r}_1^{-}) & d(\tilde{r}_{12},\tilde{r}_2^{-}) & \cdots & d(\tilde{r}_{1n},\tilde{r}_n^{-}) \\ d(\tilde{r}_{21},\tilde{r}_1^{-}) & d(\tilde{r}_{22},\tilde{r}_2^{-}) & \cdots & d(\tilde{r}_{2n},\tilde{r}_n^{-}) \\ \vdots & \vdots & \ddots & \vdots \\ d(\tilde{r}_{m1},\tilde{r}_1^{-}) & d(\tilde{r}_{m2},\tilde{r}_2^{-}) & \cdots & d(\tilde{r}_{mn},\tilde{r}_n^{-}) \end{bmatrix} \tag{4.45}$$

步骤 5 计算各方案属性的收益值和损失值。

当以负理想方案为参考点时，方案 A_1 优于负理想方案。对于决策者而言，他是面临收益的。由前景理论知，此时决策者是厌恶风险的。此时以 $v^{+}(r_{ij})=(d(\tilde{r}_{ij},r_j^{-}))^{\alpha}$ 作为正前景值，简记为 v_{ij}^{+}。

当以正理想方案为参考点时，方案 A_i 劣于正理想方案。对于决策者而言，他是面临损失的。由前景理论知，此时决策者是追求风险的，此时 $v^{-}(\tilde{r}_{ij})=-\theta(d(\tilde{r}_{ij},r_j^{+}))^{\beta}$ 作为负前景值，简记为 v_{ij}^{-}。

步骤 6 计算各个备选方案的综合前景值（式（4.30））。

步骤 7 确定最优指标权重。设各备选方案的决策属性权重向量为 $\boldsymbol{w}=(u_1, w_2, \cdots, w_n)$，且 $\sum_{j=1}^{n} w_j=1$。已知的部分属性权重信息集合为 $\boldsymbol{H}$。类似4.2节的讨论，建立优化模型式（4.31）求解最优属性向量 $\boldsymbol{w}^{*}=(w_1^{*}, w_2^{*}, \cdots, w_n^{*})$。

步骤 8 根据（4.32）计算备选方案 A_i 的最优综合前景值 V_i^{*}。按最优综合前景值 $V_i(i=1,2,\cdots,m)$ 从大到小进行排序，便可得到各个备选方案的优劣排序。

4.3.3 算例分析

例 4.3 以文献［227］中的关于某发动机零部件制造公司的供应商选择为例，说明本节提出的方法的有效性和实用性。设某制造公司拟选择某电子零件的供应商，经初步调查，筛选出 5 个备选的供应商 x_1，x_2，x_3，x_4，x_5，经决策层讨论，确定了 5 个评价属性用于评估，它们分别为供应能力（o_1）、交货能力（o_2）、服务质量（o_3）、影响力（o_4）和科研实力（o_5）。这 5 个评价属性均为效益型属性。专家给出各个备选供应商在相应评价属性下的属性值信息见表 4.12。假设本例中评价属性的权重信息是部分已知的，且属性权重信息集合为：

$$\boldsymbol{H}=\{w=(w_1,w_2,w_3,w_4,w_5)\mid 0.10\leqslant w_1\leqslant 0.15, 0.10\leqslant w_2\leqslant 0.30, 0.05\leqslant w_3\leqslant 0.20, 0.08\leqslant w_4\leqslant 0.18, 0.10\leqslant w_5\leqslant 0.30, w_2\geqslant w_5\geqslant w_1\geqslant w_4\geqslant w_3\}$$

我们的任务是选择最优供应商。

表 4.12　直觉梯形模糊信息决策矩阵 $\tilde{A}=(\tilde{a}_{ij})_{m\times n}$

供应商	评估属性				
	o_1	o_2	o_3	o_4	o_5
x_1	⟨(1,2,3,4), 0.7,0.3⟩	⟨(5,6,7,8), 0.7,0.3⟩	⟨(3,4,5,6), 0.6,0.2⟩	⟨(4,5,7,8), 0.6,0.3⟩	⟨(4,5,7,8), 0.8,0.0⟩
x_2	⟨(2,3,4,5), 0.6,0.3⟩	⟨(6,7,8,9), 0.8,0.1⟩	⟨(4,5,6,7), 0.8,0.1⟩	⟨(3,4,5,6), 0.7,0.3⟩	⟨(6,7,8,9), 0.6,0.3⟩
x_3	⟨(1,2,3,5), 0.6,0.4⟩	⟨(4,6,7,8), 0.6,0.3⟩	⟨(3,4,5,6), 0.5,0.5⟩	⟨(4,5,6,7), 0.8,0.1⟩	⟨(5,6,7,8), 0.8,0.2⟩
x_4	⟨(2,3,4,6), 0.6,0.2⟩	⟨(5,6,7,8), 0.8,0.2⟩	⟨(2,3,5,6), 0.6,0.4⟩	⟨(3,4,5,7), 0.6,0.3⟩	⟨(4,6,7,8), 0.6,0.3⟩
x_5	⟨(2,3,4,5), 0.8,0.2⟩	⟨(4,5,6,7), 0.9,0.0⟩	⟨(3,4,5,6), 0.8,0.2⟩	⟨(3,5,7,8), 0.7,0.1⟩	⟨(4,5,6,7), 0.8,0.0⟩

步骤 1　由式（4.38）~式（4.40）得到规范化矩阵 $\tilde{\boldsymbol{R}}$，见表 4.13。

表 4.13　规范化的决策矩阵 $\tilde{R}=(\tilde{r}_{ij})_{m\times n}$

供应商	评估属性				
	o_1	o_2	o_3	o_4	o_5
x_1	⟨(0,0.2,0.4, 0.6),0.7,0.3⟩	⟨(0.2,0.4,0.6, 0.8),0.7,0.3⟩	⟨(0.2,0.4,0.6, 0.8),0.6,0.2⟩	⟨(0.2,0.4,0.8, 1.0),0.6,0.3⟩	⟨(0,0.2,0.6, 0.8),0.8,0.0⟩
x_2	⟨(0.2,0.4,0.6, 0.8),0.6,0.3⟩	⟨(0.4,0.6,0.8, 1.0),0.8,0.1⟩	⟨(0.4,0.6,0.8, 1.0),0.8,0.1⟩	⟨(0,0.2,0.4, 0.6),0.7,0.3⟩	⟨(0.4,0.6,0.8, 1.0),0.6,0.3⟩
x_3	⟨(0,0.2,0.4, 0.8),0.6,0.4⟩	⟨(0,0.4,0.6, 0.8),0.6,0.3⟩	⟨(0.2,0.4,0.6, 0.8),0.5,0.5⟩	⟨(0.2,0.4,0.6, 0.8),0.8,0.1⟩	⟨(0.2,0.4,0.6, 0.8),0.8,0.2⟩
x_4	⟨(0.2,0.4,0.6, 1.0),0.6,0.2⟩	⟨(0.2,0.4,0.6, 0.8),0.8,0.2⟩	⟨(0,0.2,0.6, 0.8),0.6,0.4⟩	⟨(0,0.2,0.4, 0.8),0.6,0.3⟩	⟨(0,0.4,0.6, 0.8),0.6,0.3⟩
x_5	⟨(0.2,0.4,0.6, 0.8),0.8,0.2⟩	⟨(0,0.2,0.4, 0.6),0.9,0.0⟩	⟨(0.2,0.4,0.6, 0.8),0.8,0.2⟩	⟨(0,0.4,0.8, 1.0),0.7,0.1⟩	⟨(0,0.2,0.4, 0.6),0.8,0.0⟩

步骤 2　定义正理想和负理想方案。

正理想方案定义为：

$$x^{+}=(\tilde{r}_1^{+},\tilde{r}_2^{+},\cdots,\tilde{r}_5^{+})$$

其中 $\tilde{r}_j^{+}=\langle(1,\ 1,\ 1,\ 1),\ 1,\ (1,\ 1,\ 1,\ 1),\ 0\rangle$，$j=1,\ 2,\ \cdots,\ 5$。

负理想方案定义为:

$$x^- = (\tilde{r}_1^-, \tilde{r}_2^-, \cdots, \tilde{r}_5^-)$$

其中

$$\tilde{r}_j^- = \langle (0,\ 0,\ 0,\ 0),\ 0,\ (0,\ 0,\ 0,\ 0),\ 1 \rangle \quad (j=1,\ 2,\ \cdots,\ 5)$$

步骤3 由式（4.42）和式（4.43）计算各方案各属性值与相应的正负理想方案相应属性值的距离，计算结果见表4.14和表4.15。

表4.14 各方案分别到正理想方案的距离集

	$\tilde{r}_1^+$	$\tilde{r}_2^+$	$\tilde{r}_3^+$	$\tilde{r}_4^+$	$\tilde{r}_5^+$
x_1	1.1641	0.9408	0.9933	0.9514	1.0517
x_2	0.9933	0.6619	0.6619	1.1641	0.8000
x_3	1.1694	1.0693	1.0416	0.8851	0.8851
x_4	0.9727	0.9933	1.1733	1.0884	0.9729
x_5	0.9933	1.1238	0.9933	1.0325	1.2000

表4.15 各方案分别到负理想方案的距离集

	$\tilde{r}_1^-$	$\tilde{r}_2^-$	$\tilde{r}_3^-$	$\tilde{r}_4^-$	$\tilde{r}_5^-$
x_1	0.7000	0.7000	0.8000	0.7000	1.0000
x_2	0.7000	0.9000	0.9000	0.7000	0.7000
x_3	0.6000	0.7000	0.5000	0.9000	0.8000
x_4	0.8000	0.8000	0.6000	0.7000	0.7000
x_5	0.8000	1.0000	0.8000	0.9000	1.0000

步骤4 计算 $v^-(\tilde{r}_{ij}) = -\theta(d(\tilde{r}_{ij}, r_j^+))^\beta$ 与 $v^+(r_{ij}) = (d(\tilde{r}_{ij}, r_j^-))^\alpha$，这里取 $\alpha = \beta = 0.88$，$\theta = 2.25$。得到正前景值矩阵和负前景值矩阵，见表4.16和表4.17。

表4.16 正前景值矩阵

供应商	评估属性				
	o_1	o_2	o_3	o_4	o_5
x_1	0.0791	0.1454	0.0759	0.0675	0.1991
x_2	0.0791	0.1814	0.0841	0.0675	0.1454
x_3	0.0691	0.1454	0.0502	0.0841	0.1636
x_4	0.0890	0.1636	0.0589	0.0675	0.1454
x_5	0.0890	0.1991	0.0759	0.0841	0.1991

表 4.17　负前景值矩阵

供应商	评估属性				
	o_1	o_2	o_3	o_4	o_5
x_1	-0.3096	-0.4809	-0.2283	-0.2198	-0.5305
x_2	-0.2692	-0.3529	-0.1597	-0.2625	-0.4170
x_3	-0.3108	-0.5383	-0.2380	-0.2062	-0.4558
x_4	-0.2643	-0.5045	-0.2643	-0.2474	-0.4953
x_5	-0.2692	-0.5623	-0.2283	-0.2362	-0.5958

步骤 5　取 $\gamma^+=0.61$，$\gamma^-=0.69$，由于前景理论最优化模型式（4.31）为非线性模型，为此需选定初始点：$\boldsymbol{w}_0=(0.15;\ 0.25;\ 0.10;\ 0.10;\ 0.20)$，利用 Matlab 软件求解得到最优权重向量：

$$\boldsymbol{w}^*=(0.15, 0.30, 0.125, 0.125, 0.30)$$

步骤 6　求出每个方案的最优综合前景值：

$V_1=-1.2021$，$V_2=-0.9038$，$V_3=-1.2367$，$V_4=-1.2515$，$V_5=-1.2447$。

步骤 7　按最优综合前景值大小的顺序排列，得到的方案是：$x_2>x_1>x_3>x_5>x_4$。故最优方案为 x_2，最优结果与王坚强和张忠（2008）中的排序结果一致。本节的优越性在于考虑了决策者的心理行为因素，因此决策结果更加符合客观实际。

4.4　本章小结

本章的主要工作为：

（1）针对直觉模糊集提出了基于卡方距离的直觉模糊集合的卡方距离和卡方相似度，并将相似度应用于聚类分析，进一步发展了基于前景理论的直觉模糊多属性决策法。

（2）构造考虑决策者风险态度的广义直觉梯形模糊数的排序函数，并进一步提出了基于前景理论的广义直觉梯形模糊数的多属性决策方法，通过算例分析说明方法的有效性和可行性。

由于前景理论更能够真实地描述人类在不确定条件下的决策行为，因此本章将其引入到直觉模糊数和直觉梯形模糊数型多属性决策中。本章考虑属性权重信息不完全，且属性值为直觉梯形模糊数的基于前景理论的多属性决策问题，根据直觉梯形模糊数的距离公式给出了直觉梯形模糊数的前景价值函数，通过将正负理想方案作为参考方案对“收益”与“损失”采用不同的处理方式，使决策者能够得出更加准确的决策权重。本章提出的基于前景理论的直觉模糊多属性决策方法具有概念清晰、计算过程简单并易于软件实现等特点，具有较高的实际应用价值。

5 基于后悔理论的直觉模糊数型多属性决策研究

后悔理论由 Bell[228]，Loomes 和 Sugden[229] 提出。近年来关于后悔理论的研究和应用得到众多学者的关注。作为一个重要的行为决策理论，后悔理论认为决策者在决策中在考虑方案选择的结果的同时还会关心如果选择其他备选方案可能获得的结果。若其发现选择其他方案可以获得更好的结果，则其在心理上会感到后悔；反之，则会感到欣喜。因此，在进行决策时，决策者会预先对决策可能产生的后悔或欣喜进行估计，并尽量避免选择预期后悔的方案，也就是说决策者是后悔规避的。这样，在决策中决策者的感知效用值包含两部分：当前结果的效用值和与其他可能结果进行比较后的“后悔—欣喜”值。文献［228～231］指出，在应用上后悔理论比累积前景理论有一定的优势，如在进行决策时，若应用后悔理论则决策者不但可以不用给出参照点，而且决策涉及的计算公式中参数也较少，计算更加简捷。在决策模型中将后悔理论代替期望效用理论，更符合人类客观实际情形。

本章的主要工作：分别针对属性值和属性权重不完全确定的直觉模糊数和参数性直觉梯形模糊数型多属性决策问题，提出一种基于后悔理论的决策方法。该方法以决策者对方案集的综合感知效用最大化为目标，求解最优属性权重向量，并据此得到各个备选方案的最优综合感知效用值，最终根据最优综合感知效用值的大小对方案进行优劣排序。

5.1 后悔理论

在决策过程中，大多数决策者都是有限理性的，为此将决策者的行为因素考虑到决策过程会更加符合客观现实情形。前景理论、后悔理论正是在这种背景下提出来的。在越来越复杂的现代政治经济环境下，决策者在进行大多数决策时不仅需要考虑选择某方案后获得的结果，还需要考虑假设选择了其他备选方案后可能得到的决策结果。根据后悔理论可知，决策者的感知效用函数由当前决策结果的效用函数和与其他决策结果比较的后悔－欣喜函数两部分组成。令 a 和 b 分别表示选择方案 A 和 B 所能获得的结果，那么决策者对方案 A 的感知效用为：

$$u(a,b)=v(a)+R(v(a)-v(b)) \tag{5.1}$$

其中，$v(a)$ 和 $v(b)$ 分别表示决策者选择方案 A 和 B 后的效用值。$R(v(a)-$

$v(b))$称为后悔－欣喜值，且当$R(v(a)-v(b))>0$时，称$R(v(a)-v(b))$为欣喜值，它表示决策者对选择方案A而放弃方案B感到欣喜的程度；当$R(v(a)-v(b))<0$时，称$R(v(a)-v(b))$为后悔值，它表示决策者对选择方案A而放弃方案B感到后悔的程度。显然，后悔－欣喜值函数$R(\cdot)$应该是一个单调递增的凹函数，即满足$R'(\cdot)>0$和$R''(\cdot)<0$，且有$R(0)=0$，此时表示决策者对选择方案A和B在心理上没有差异，决策者既不感到欣喜也不会觉得后悔。文献[229]指出后悔－欣喜函数$R(\cdot)$可以采用如下函数表达形式：

$$R(\Delta v)=1-\exp(-\delta\Delta v) \tag{5.2}$$

这里，$\delta>0$为决策者的后悔规避系数，且当δ越大时，决策者的后悔规避程度也越大；Δv为任意两方案结果效用值之差。图5.1所示为不同δ取值时后悔－欣喜函数$R(\Delta v)$的图像。

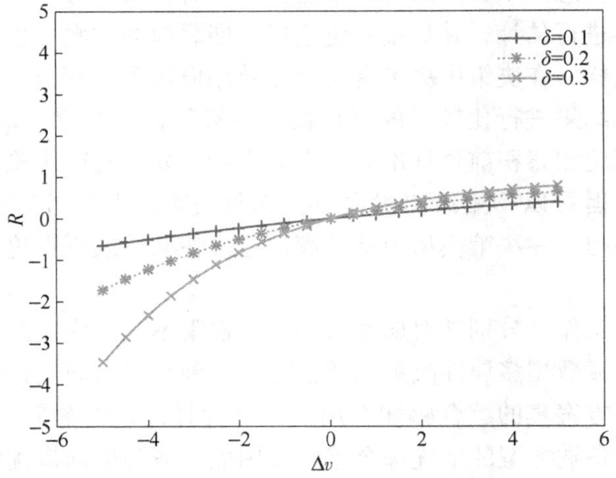

图5.1　后悔－欣喜函数$R(\Delta v)$

设$A_1,A_2,\cdots,A_m$为m个备选方案，x_1，x_2，…，x_m分别为方案A_1，A_2，…，A_m的结果，其中x_i表示方案A_i的结果。根据后悔理论，在进行决策分析时，当以正理想点为参照点时，决策评估值会不大于正理想点，此时决策者是会后悔的；而当以负理想点为参照点时，决策评价值不小于负理想点，此时决策者是欣喜的。记x_{ij}为决策者给出的方案A_i在评估属性o_j下的属性评价值，则依据文献[229]，方案A_i的各属性评价值x_{ij}相对于正理想点相应的属性值x_j^+的后悔值和相对于负理想点相应的属性值x_j^-的欣喜值可以分别表示为：

$$R_{ij}^1=1-\exp(\delta\,|\,x_{ij}-x_j^+\,|) \tag{5.3}$$

$$R_{ij}^2=1-\exp(-\delta\,|\,x_{ij}-x_j^-\,|) \tag{5.4}$$

其中 $\delta>0$ 为决策者的后悔规避系数。

于是决策者对方案 A_i 在评估属性 o_j 下的属性评价值 x_{ij} 的综合后悔－欣喜值为

$$R_{ij}=R_{ij}^1+R_{ij}^2=2-\exp(\delta|x_{ij}-x_j^+|)-\exp(-\delta|x_{ij}-x_j^-|) \tag{5.5}$$

根据文献［229］，本书采用幂函数 $v_{ij}(x)=x^{\alpha}, 0<\alpha<1$ 作为属性值的效用函数。决策者的风险厌恶程度越大，α 越小，α 被称为决策者的风险厌恶系数。可证，若 $\Delta v_0>0$，则有 $|R(-\delta\Delta v_0)|>R(\Delta v_0)$。这表明，与 Δv_0 相比较，决策者对 $-\Delta v_0$ 的心理感知更加敏感，即决策者是后悔规避的[229]。而心理学的大量研究也表明，后悔作为一种负面情绪，对效用的影响要比欣喜这种正面情绪更强。

5.2 基于后悔理论的直觉模糊数型多属性决策研究

5.2.1 基于后悔理论的直觉模糊多属性决策法

本节将后悔理论融入到直觉模糊多属性决策模型中。对一个直觉模糊多属性决策问题，为描述方便，下列符号表示决策中的集合或量：

$X=\{x_1, x_2, \cdots, x_m\}$：$m$ 个备选方案的集合（$m\geqslant2$）。

$O=\{o_1, o_2, \cdots, o_n\}$：$n$ 个属性组成的集合（$n\geqslant2$），其中 o_j 表示第 j 个评价属性。

$\boldsymbol{w}=(w_1, w_2, \cdots, w_m)^{\mathrm{T}}$：表示属性权重向量。这是因为在决策过程中，不同的属性通常有不同的权重。根据决策问题的不同以及决策者的经验以及对问题的熟悉程度，可以以事先给出部分属性权重信息。这里 $w_j\geqslant0$ 为属性 $o_j(j=1, 2, \cdots, n)$ 的权重信息，满足 $w_j\geqslant0(j=1, 2, \cdots, n)$ 和 $\sum_{j=1}^{n}w_j=1$。当属性权重信息部分已知时，记已知的部分权重信息的数学表达式的集合为 H。

$x_{ij}=\langle\mu_{ij}, v_{ij}\rangle$：表示决策者给出的方案 x_i 在属性 o_j 下的评价值。这里 μ_{ij}，v_{ij} 分别表示决策者对方案 x_i 在指标 o_j 下的值满意和不满意的程度，满足 $0\leqslant\mu_{ij}\leqslant1$，$0\leqslant v_{ij}\leqslant1$，$0\leqslant\mu_{ij}+v_{ij}\leqslant1$。

设直觉模糊决策矩阵为 $\tilde{X}=(x_{ij})_{m\times n}$，各属性权系数信息不完全确定，其不完全确定信息的集合为 $\boldsymbol{H}$，要求确定方案集 X 的方案进行排序和择优排序。

设方案 x_i 在评估属性 o_j 下的属性评价值 x_{ij} 为直觉模糊数，记 $d(A, B)$ 为两直觉模糊数 $A=\langle\mu_A, v_A\rangle$ 与 $B=\langle\mu_B, v_B\rangle$ 之间的卡方距离，即

$$d(A,B)=\frac{(\mu_A-\mu_B)^2}{1+\mu_A+\mu_B}+\frac{(v_A-v_B)^2}{1+v_A+v_B} \tag{5.6}$$

于是决策者对方案 A_i 在评估属性 o_j 下的属性评价值 x_{ij} 的综合后悔－欣喜值为：

$$R_{ij}=R_{ij}^1+R_{ij}^2=2-\exp[\delta d(x_{ij},x_j^+)]-\exp[-\delta d(x_{ij},x_j^-)] \tag{5.7}$$

本节采用函数 $v_{ij}(x_{ij})=S(x_{ij})^{\alpha}, (0<\alpha<1)$ 作为属性值的效用函数，其中

$S(x)$ 为直觉模糊数 x 的得分函数，则决策者对方案 x_i 的对应属性值 x_{ij} 的感知效用函数可以表示为

$$F_{ij}=v_{ij}+R_{ij}=2+S(x_{ij})^2-\exp[\delta d(x_{ij},x_j^+)]-\exp[-\delta d(x_{ij},x_j^-)] \quad (5.8)$$

下面针对属性权重信息部分已知，讨论直觉模糊多属性决策属性权重的确定方法。设部分的已知权重信息集合为 H。对于每个方案 x_i 而言，其综合感知效用函数为

$$\begin{aligned}F(x_i) &= \sum_{j=1}^{n} w_j F_{ij} \\ &= \sum_{j=1}^{n} w_j\{2+S(x_{ij})^2-\exp[\delta d(x_{ij},x_j^+)]-\exp[-\delta d(x_{ij},x_j^-)]\}\end{aligned} \quad (5.9)$$

权重的确定应该使得每个方案 x_i 的综合感知效用越大越好，因此可建立如下优化模型，其目标函数为

$$\max F=(F(x_1),F(x_2),\cdots,F(x_m)) \quad (5.10)$$

根据“综合感知效用越大，方案越优”以及各方案之间是公平竞争的，以决策者对方案集的综合感知效用最大化为目标，建立如下求解属性权重的最优化模型：

$$\max V=\sum_{i=1}^{m}F(x_i)=\sum_{i=1}^{m}\sum_{j=1}^{n}w_j\{2+S(x_{ij})^2-\exp[\delta d(x_{ij},x_j^+)]-\exp[-\delta d(x_{ij},x_j^-)]\}$$

$$\text{s.t.}\begin{cases}\boldsymbol{w}\in \boldsymbol{H}\\ \sum_{j=1}^{n}w_j=1\\ w_j\geqslant 0\quad (j=1,2,\cdots,n)\end{cases} \quad (5.11)$$

通过 Matlab 或 Lingo 软件求解上述模型，可得到最优权重向量。

$$\boldsymbol{w}^*=(w_1^*,w_2^*,\cdots,w_n^*)$$

从而可以计算决策者对方案 A_i 的最优综合感知效用值为

$$H_i=\sum_{j=1}^{n}w_j^*\{2+S(x_{ij})^2-\exp[\delta d(x_{ij},x_j^+)]-\exp[-\delta d(x_{ij},x_j^-)]\} \quad (5.12)$$

最后依据最优综合感知效用值的大小比较，可得所有方案的排序结果，H_i 的值越大，则对应的备选方案 A_i 越优。

下面给出基于后悔理论的直觉模糊数型多属性决策方法的计算步骤。

步骤 1　计算各个备选方案在各属性下的属性值 $\tilde{x}_{ij}=\langle\mu_{ij},v_{ij}\rangle$ 的得分 $S_{ij}=\mu_{ij}-v_{ij}$，得到得分矩阵 $\boldsymbol{S}=(S_{ij})_{m\times n}$。

步骤 2　定义正负理想点。

正理想点定义为：$x^+=(x_1^+,x_2^+,\cdots,x_n^+)$，其中 $x_j^+=\langle 1,0\rangle,j=1,2,\cdots,n$；

负理想点定义为：$x^-=(x_1^-,x_2^-,\cdots,x_n^-)$，其中 $x_j^-=\langle 0,1\rangle,j=1,2,\cdots,n$。

步骤 3 计算各方案属性值 $\tilde{x}_{ij}=\langle\mu_{ij},v_{ij}\rangle$ 与正负理想点相应属性值的距离 $d(x_{ij},x_j^+)$和 $d(x_{ij},x_j^-)$，其中 $d(A,B)$ 表示两直觉模糊数 $A=\langle\mu_A,v_A\rangle$ 与 $B=\langle\mu_B,v_B\rangle$ 之间的卡方距离。于是有

$$d(x_{ij},x_j^+)=\frac{1-\mu_{ij}}{3+\mu_{ij}}+\frac{v_{ij}}{2+v_{ij}}+\frac{1-\mu_{ij}-v_{ij}}{3-\mu_{ij}-v_{ij}} \tag{5.13}$$

$$d(x_{ij},x_j^-)=\frac{\mu_{ij}}{2+\mu_{ij}}+\frac{1-v_{ij}}{3+v_{ij}}+\frac{1-\mu_{ij}-v_{ij}}{3-\mu_{ij}-v_{ij}} \tag{5.14}$$

步骤 4 根据式（5.8），计算决策者对各个方案 x_i 的对应属性值 x_{ij}的感知效用函数值。

步骤 5 最大化为目标，依据式（5.11）建立优化模型，求解最优权重向量。

步骤 6 将步骤 5 求解得到的最优权重代入式（5.12），得到各备选方案的综合感知效用值。根据综合感知效用值 H_i 的大小确定方案的优劣。H_i 的值越大，则对应的备选方案 x_i 越优。

5.2.2 算例分析

例 5.1 以装配部件供应商选择的例子说明本节方法的有效性和实用性。设某一个制造公司准备为其在装配过程中最关键部件的采购拟在全球范围寻找最好的供应商。经过初选有 5 个备选供应商 $x_i(i=1,2,3,4,5)$，现在公司将根据以下 5 个评价指标（属性）对供应商进行评估：产品的价格（o_1）、产品的质量（o_2）、供应商的服务绩效（o_3）、供应商的情况（o_4）和风险因素（o_5）。经过专家讨论，最后得到备选供应商关于各个属性的评价值，其评价值以直觉模糊数给出，见表 5.1。

表 5.1 各备选供应商的属性评估值

供应商	评价指标				
	o_1	o_2	o_3	o_4	o_5
x_1	⟨0.449,0.370⟩	⟨0.565,0.162⟩	⟨0.705,0.232⟩	⟨0.730,0.170⟩	⟨0.646,0.354⟩
x_2	⟨0.719,0.188⟩	⟨0.630,0.232⟩	⟨0.448,0.378⟩	⟨0.557,0.160⟩	⟨0.597,0.192⟩
x_3	⟨0.546,0.192⟩	⟨0.727,0.182⟩	⟨0.641,0.322⟩	⟨0.399,0.200⟩	⟨0.658,0.192⟩
x_4	⟨0.520,0.337⟩	⟨0.630,0.100⟩	⟨0.539,0.271⟩	⟨0.679,0.188⟩	⟨0.708,0.198⟩
x_5	⟨0.727,0.128⟩	⟨0.520,0.299⟩	⟨0.619,0.318⟩	⟨0.618,0.229⟩	⟨0.609,0.120⟩

现假设属性权重信息部分已知，且属性权重满足

$$H=\{w=(w_1,w_2,w_3,w_4,w_5)\mid w_1\leqslant 0.3,0.1\leqslant w_2\leqslant 0.2,0.2\leqslant w_3\leqslant 0.5,\\ 0.1\leqslant w_4\leqslant 0.3,w_5\leqslant 0.4,w_3-w_2\geqslant w_5-w_4,w_4\geqslant w_1,w_3-w_1\leqslant 0.1\}$$

利用本节提出的方法对此5个备选供应商进行排序和择优。

步骤1　计算各备选方案在各属性下的属性值 $\tilde{x}_{ij}=\langle\mu_{ij},v_{ij}\rangle$ 的得分 $S_{ij}=\mu_{ij}-v_{ij}$，得到得分矩阵 $\boldsymbol{S}=(S_{ij})_{5\times5}$，结果见表5.2。

表5.2　各备选方案在各属性下的属性值 $\tilde{x}_{ij}=\langle\mu_{ij},v_{ij}\rangle$ 的得分矩阵

供应商	评价指标				
	o_1	o_2	o_3	o_4	o_5
x_1	0.0790	0.4030	0.4730	0.5600	0.2920
x_2	0.5310	0.3980	0.0700	0.3970	0.4050
x_3	0.3540	0.5450	0.3190	0.1990	0.4660
x_4	0.1830	0.5300	0.2680	0.4910	0.5100
x_5	0.5990	0.2210	0.3010	0.3900	0.4890

步骤2　定义正理想和负理想方案。正理想方案定义为：$x^+=(x_1^+,x_2^+,\cdots,x_5^+)$,其中 $x_j^+=\langle1,0\rangle$，$j=1,2,\cdots,n$，$n=5$；负理想方案定义为 $x^-=(x_1^-,x_2^-,\cdots,x_n^-)$,其中 $x_j^-=\langle0,1\rangle$，$j=1,2,\cdots,n$，$n=5$。

步骤3　计算各方案属性值与正负理想点相应属性值的卡方距离 $d(x_{ij},x_j^+)$ 和 $d(x_{ij},x_j^-)$，结果见表5.3和表5.4。

表5.3　各方案属性值与正理想点相应属性值的距离集

	x_1^+	x_2^+	x_3^+	x_4^+	x_5^+
x_1	0.3989	0.3171	0.2141	0.1983	0.2475
x_2	0.2059	0.2704	0.3991	0.3226	0.2951
x_3	0.3314	0.2002	0.2554	0.4347	0.2509
x_4	0.3473	0.2685	0.3364	0.2355	0.2137
x_5	0.2010	0.3494	0.2730	0.2786	0.2843

表5.4　各方案属性值与负理想点相应属性值的距离集

	x_1^+	x_2^+	x_3^+	x_4^+	x_5^+
x_1	0.4533	0.6054	0.5288	0.5768	0.4367
x_2	0.5636	0.5417	0.4472	0.6076	0.5784
x_3	0.5834	0.5672	0.4650	0.5833	0.5705
x_4	0.4718	0.6488	0.5219	0.5705	0.5571
x_5	0.6130	0.5018	0.4724	0.5458	0.6348

步骤 4 计算决策者对各个备选方案对应的属性值 x_{ij} 的感知效用函数值 F_{ij}。本节采用 $\alpha=0.88$，$\delta=0.3$ 进行计算，计算结果见表 5.5。

表 5.5 决策者对各个备选方案对应的属性值的感知效用函数值

供应商	评价指标				
	o_1	o_2	o_3	o_4	o_5
x_1	0.0739	0.3923	0.5591	0.6703	0.2657
x_2	0.6186	0.4826	0.0060	0.3975	0.4545
x_3	0.3341	0.6254	0.4041	0.1804	0.5028
x_4	0.1167	0.5838	0.3110	0.6002	0.5441
x_5	0.7307	0.2101	0.2850	0.3702	0.5868

步骤 5 根据式（5.11）建立如下线性规划模型：

$$\max V=1.8739w_1+2.2942w_2+1.5653w_3+2.2187w_4+2.3540w_5$$

$$\text{s.t.}\begin{cases} w_1\leqslant 0.3 \\ 0.1\leqslant w_2\leqslant 0.2 \\ 0.2\leqslant w_3\leqslant 0.5 \\ 0.1\leqslant w_4\leqslant 0.3 \\ w_3-w_1\leqslant 0 \\ w_4\geqslant w_1 \\ w_5\leqslant 0.4 \\ w_3-w_2\geqslant w_5-w_4 \\ w_1+w_2+w_3+w_4+w_5=1 \\ w_1,w_2,\cdots,w_5\geqslant 0 \end{cases}$$

求解上述模型得到最优属性权重系数向量为 $\boldsymbol{W}=(0.1,0.1,0.2,0.25,0.35)^{\mathrm{T}}$。

步骤 6 计算各备选方案的综合感知效用值，得

$$H_1=0.4190, H_2=0.3698, H_3=0.3979, H_4=0.4728, H_5=0.4490$$

按照 $H_i(i=1,2,3,4,5)$ 从大到小对方案进行排序，排序结果为 $x_4>x_5>x_1>x_3>x_2$，其中供应商 A_4 为最佳选择。文献［232］得到的结果为：$x_5>x_4>x_1>x_2>x_3$，与本节结果不同，这是因为文献［232］利用的得分函数 $s_{ij}=\mu_{ij}-v_{ij}$ 建立的优化模型计算权重，没有考虑犹豫度对直觉模糊集排序产生的影响，而本节构造的综合感知效用值不但考虑了得分函数 $s_{ij}=\mu_{ij}-v_{ij}$，而且考虑了决策者对方案选择的后悔－欣喜值，更加符合客观现实。本结果与文献［233］中的结果完全一致，文献［233］构造的直觉模糊熵克服了绝大多数现存直觉模糊熵的反直觉特例，不但考虑了隶属度与非隶属度的偏差，还考虑了犹豫度对直觉模糊集

合的模糊性度量的影响，这也从另一个方面看出本节提出的决策方法的实用性与可行性。

5.3 基于后悔理论的参数型直觉梯形模糊数的多属性决策研究

5.3.1 一类新的参数型直觉梯形模糊数的距离测度

α-截集是描述模糊数的一个非常有用的工具，由定义 2.21，参数型直觉梯形模糊数 $A=\langle(a_1,a_2,a_3,a_4),(b_1,b_2,b_3,b_4)\rangle$ 的 α-截集 $(A^+)_\alpha$ 和 $(A^-)_\alpha$ 分别为

$$(A^+)_\alpha=[(A_L^+)_\alpha,(A_U^+)_\alpha]=[a_1+(a_2-a_1)\alpha,a_4-(a_4-a_3)\alpha]$$

$$(A^-)_\alpha=[(A_L^-)_\alpha,(A_U^-)_\alpha]=[b_1+(b_2-b_1)(1-\alpha),b_4-(b_4-b_3)(1-\alpha)]$$

引理 5.1[206] 设 A 和 B 为两个任意的模糊数，它们的 α-截集分别为：$[(A_L)_\alpha,(A_U)_\alpha]$和$[(B_L)_\alpha,(B_U)_\alpha]$，则 A 和 B 的距离定义为：

$$d(A,B)=\left(\int_0^1((A_L)_\alpha-(B_L)_\alpha)^2\mathrm{d}\alpha+\int_0^1((A_U)_\alpha-(B_U)_\alpha)^2\mathrm{d}\alpha\right)^{1/2} \tag{5.15}$$

受引理 5.1 的启发，对两个任意的参数型直觉梯形模糊数 A 和 B 构造如下的信息测度：

$$d(A,B)=\frac{1}{2}\left(\int_0^1((A_L^+)_\alpha-(B_L^+)_\alpha)^2\mathrm{d}\alpha+\int_0^1((A_U^+)_\alpha-(B_U^+)_\alpha)^2\mathrm{d}\alpha\right)^{1/2}+\frac{1}{2}\left(\int_0^1((A_L^-)_\alpha-(B_L^-)_\alpha)^2\mathrm{d}\alpha+\int_0^1((A_U^-)_\alpha-(B_U^-)_\alpha)^2\mathrm{d}\alpha\right)^{1/2} \tag{5.16}$$

定理 5.1 可证明，信息测度式（5.16）为一距离测度。

定理 5.1 设 A、B 和 C 为三个任意的参数型直觉梯形模糊数，式（5.16）定义的信息测度 $d(A, B)$ 是距离测度，即满足如下三点性质：

（1）$d(A,B)\geqslant 0$；

（2）$d(A,B)=d(B,A)$；

（3）$d(A,B)\leqslant d(A,C)+d(B,C)$。

要证明定理 5.1，需要以下引理：

引理 5.2 设函数 $f(x)$ 和 $g(x)$ 为区间 $[a, b]$ 上的可积函数，则有不等式

$$\sqrt{\int_a^b(f(x)+g(x))^2\mathrm{d}x}\leqslant\sqrt{\int_a^b f^2(x)\mathrm{d}x}+\sqrt{\int_a^b g^2(x)\mathrm{d}x} \tag{5.17}$$

证明 由定积分函数的 Cauchy-Schwarz 不等式，有

$$\begin{aligned}\int_a^b(f(x)+g(x))^2\mathrm{d}x&=\int_a^b f^2(x)\mathrm{d}x+2\int_a^b f(x)g(x)\mathrm{d}x+\int_a^b g^2(x)\mathrm{d}x\\&\leqslant\int_a^b f^2(x)\mathrm{d}x+2\sqrt{\left(\int_a^b f^2(x)\mathrm{d}x\right)\left(\int_a^b g^2(x)\mathrm{d}x\right)}+\int_a^b g^2(x)\mathrm{d}x\end{aligned}$$

$$=\left(\sqrt{\int_a^b f^2(x)\mathrm{d}x}+\sqrt{\int_a^b g^2(x)\mathrm{d}x}\right)^2$$

于是有

$$\sqrt{\int_a^b (f(x)+g(x))^2\mathrm{d}x}\leqslant\sqrt{\int_a^b f^2(x)\mathrm{d}x}+\sqrt{\int_a^b g^2(x)\mathrm{d}x}$$

引理得证。

通过简单的运算，可以直接得到引理5.3的结论。

引理5.3 给定任意实数 x_1，x_2，y_1，$y_2\geqslant 0$，下式恒成立：

$$\sqrt{x_1y_1}+\sqrt{x_2y_2}\leqslant\sqrt{x_1+x_2}\sqrt{y_1+y_2}\tag{5.18}$$

引理5.4 设 f_1，f_2，f，g_1，g_2 和 g 均为在闭区间［a，b］上可积的 x 关于的一元实值函数，并记

$$d(A,B)=\sqrt{\int_a^b (f_1-f_2)^2\mathrm{d}x+\int_a^b (g_1-g_2)^2\mathrm{d}x}$$

$$d(A,C)=\sqrt{\int_a^b (f_1-f)^2\mathrm{d}x+\int_a^b (g_1-g)^2\mathrm{d}x}$$

$$d(B,C)=\sqrt{\int_a^b (f-f_2)^2\mathrm{d}x+\int_a^b (g-g_2)^2\mathrm{d}x}$$

则有下面的不等式成立：

$$d(A,B)\leqslant d(A,C)+d(B,C)$$

证明 由于

$$\begin{aligned}d^2(A,B)&=\int_a^b (f_1-f_2)^2\mathrm{d}x+\int_a^b (g_1-g_2)^2\mathrm{d}x\\&=\int_a^b (f_1-f+f-f_2)^2\mathrm{d}x+\int_a^b (g_1-g+g-g_2)^2\mathrm{d}x\\&=\int_a^b (f_1-f)^2\mathrm{d}x+\int_a^b (f-f_2)^2\mathrm{d}x+\int_a^b (g_1-g)^2\mathrm{d}x+\\&\quad\int_a^b (g-g_2)^2\mathrm{d}x+2\int_a^b (f_1-f)(f-f_2)\mathrm{d}x+\\&\quad 2\int_a^b (g_1-g)(g-g_2)\mathrm{d}x\end{aligned}$$

根据定积分函数的 Cauchy-Schwarz 不等式，有

$$d^2(A,B)\leqslant d^2(A,C)+d^2(B,C)+2\sqrt{\left(\int_a^b (f_1-f)^2\mathrm{d}x\right)\left(\int_a^b (f-f_2)^2\mathrm{d}x\right)}+$$
$$2\sqrt{\left(\int_a^b (g_1-g)^2\mathrm{d}x\right)\left(\int_a^b (g-g_2)^2\mathrm{d}x\right)}$$

再由引理5.3，得

$$d^2(A,B)\leqslant d^2(A,C)+d^2(B,C)+2\sqrt{\int_a^b (f_1-f)^2\mathrm{d}x+\int_a^b (g_1-g)^2\mathrm{d}x}+$$

$$2\sqrt{\int_a^b (f-f_2)^2 \mathrm{d}x + \int_a^b (g-g_2)^2 \mathrm{d}x}$$

$$= [d(A,C) + d(B,C)]^2$$

于是

$$d(A,B) \leqslant d(A,C) + d(B,C)$$

从而引理 5.4 得证。

接下来给出定理 5.1 的证明。

证明（2）显然 $d(A, B)$ 满足性质（1）和（2），下面只需证明 $d(A, B)$ 满足性质（3）。

设 A、B 和 C 为三个任意的参数型直觉梯形模糊数，由于

$$\begin{aligned}
d(A,B) &= \left(\int_0^1 ((A_L^+)_\alpha - (B_L^+)_\alpha)^2 \mathrm{d}\alpha + \int_0^1 ((A_U^+)_\alpha - (B_U^+)_\alpha)^2 \mathrm{d}\alpha\right)^{1/2} + \\
&\quad \left(\int_0^1 ((A_L^-)_\alpha - (B_L^-)_\alpha)^2 \mathrm{d}\alpha + \int_0^1 ((A_U^-)_\alpha - (B_U^-)_\alpha)^2 \mathrm{d}\alpha\right)^{1/2} \\
&= \left(\int_0^1 [((A_L^+)_\alpha - (C_L^+)_\alpha) + ((C_L^+)_\alpha - (B_L^+)_\alpha)]^2 \mathrm{d}\alpha + \right. \\
&\quad \left.\int_0^1 [((A_U^+)_\alpha - (C_U^+)_\alpha) + ((C_U^+)_\alpha - (B_U^+)_\alpha)]^2 \mathrm{d}\alpha\right)^{1/2} + \\
&\quad \left(\int_0^1 [((A_L^-)_\alpha - (C_L^-)_\alpha) + ((C_L^-)_\alpha - (B_L^-)_\alpha)]^2 \mathrm{d}\alpha + \right. \\
&\quad \left.\int_0^1 [((A_U^-)_\alpha - (C_U^-)_\alpha) + ((C_U^-)_\alpha - (B_U^-)_\alpha)]^2 \mathrm{d}\alpha\right)^{1/2}
\end{aligned}$$

则由引理 5.4，可得结论 $d(A,B) \leqslant d(A,C) + d(B,C)$，从而定理得证。

注 5.1　特别地，对于两个给定的参数型直觉梯形模糊数 $A_1 = \langle (a_{11}, a_{12}, a_{13}, a_{14}), (b_{11}, b_{12}, b_{13}, b_{14}) \rangle$ 和 $A_2 = \langle (a_{21}, a_{22}, a_{23}, a_{24}), (b_{21}, b_{22}, b_{23}, b_{24}) \rangle$，根据式（5.16）直接计算可以得到 A_1 和 A_2 之间的距离 $d(A_1, A_2)$ 为：

$$\begin{aligned}
d(A_1,A_2) &= \frac{1}{2}\left[\frac{1}{3}\left(\sum_{i=1}^4 (a_{2i} - a_{1i}) + (a_{21} - a_{11})(a_{22} - a_{12}) + \right.\right. \\
&\quad \left.\left.(a_{23} - a_{13})(a_{24} - a_{14})\right)\right]^{1/2} + \frac{1}{2}\left[\frac{1}{3}\left(\sum_{i=1}^4 (b_{2i} - b_{1i}) + \right.\right. \\
&\quad \left.\left.(b_{21} - b_{11})(b_{22} - b_{12}) + (b_{23} - b_{13})(b_{24} - b_{14})\right)\right]^{1/2}
\end{aligned} \tag{5.19}$$

事实上，令 $x = a_{21} - a_{11}$，$y = a_{22} - a_{12}$，则

$$\begin{aligned}
\int_0^1 ((A_L^+)_\alpha - (B_L^+)_\alpha)^2 \mathrm{d}\alpha &= \int_0^1 [(a_{21} - a_{11}) + (a_{22} - a_{21} - a_{12} + a_{11})\alpha]^2 \mathrm{d}\alpha \\
&= \int_0^1 [x + (y-x)\alpha]^2 \mathrm{d}\alpha \\
&= x^2 + x(y-x) + \frac{1}{3}(y-x)^2
\end{aligned}$$

$$= \frac{1}{3}(x^2 + xy + y^2)$$

$$= \frac{1}{3}((a_{21} - a_{11})^2 + (a_{21} - a_{11})(a_{22} - a_{12}) + (a_{22} - a_{12})^2)$$

类似地推导，有

$$\int_0^1((A_U^+)_\alpha - (B_U^+)_\alpha)^2 d\alpha = \frac{1}{3}((a_{23} - a_{13})^2 + (a_{23} - a_{13})(a_{24} - a_{14}) + (a_{24} - a_{14})^2)\int_0^1((A_L^-)_\alpha - (B_L^-)_\alpha)^2 d\alpha$$

$$= \frac{1}{3}((b_{21} - b_{11})^2 + (b_{21} - b_{11})(b_{22} - b_{12}) + (b_{22} - b_{12})^2)$$

和

$$\int_0^1((A_U^-)_\alpha - (B_U^-)_\alpha)^2 d\alpha = \frac{1}{3}((b_{23} - b_{13})^2 + (b_{23} - b_{13})(b_{24} - b_{14}) + (b_{24} - b_{14})^2)$$

5.3.2 基于后悔理论的直觉梯形模糊数型多属性群决策法

对一个多属性决策问题，如果参与决策的专家不止一个，且属性评估值或属性权重信息中包含有直觉梯形模糊数，此时称该问题是一个直觉梯形模糊数型多属性群决策问题。为描述方便，下列符号表示决策中的集合或量：

$X = \{x_1, x_2, \cdots, x_m\}$：$m$ 个备选方案的集合（$m \geqslant 2$）。

$D = \{D_1, D_2, \cdots, D_k\}$：$k$ 个专家（决策者）组成的集合（$k \geqslant 2$）。

$O = \{o_1, o_2, \cdots, o_n\}$：$n$ 个属性组成的集合（$n \geqslant 2$），其中 o_j 表示第 j 个评价属性。

$\boldsymbol{w} = (w_1, w_2, \cdots, w_m)^T$：表示属性权重向量。这是因为在决策过程中，不同的属性通常有不同的权重。根据决策问题的不同以及决策者的经验以及对问题的熟悉程度，可以事先给出部分属性权重信息。这里 $w_j \geqslant 0$ 为属性 $o_j(j = 1, 2, \cdots, n)$ 的权重信息，满足 $w_j \geqslant 0 (j = 1, 2, \cdots, n)$ 和 $\sum_{j=1}^{n} w_j = 1$。当属性权重信息部分已知时，记已知的部分权重信息的数学表达式的集合为 H。

$\boldsymbol{v} = (v_1, v_2, \cdots, v_k)^T$：表示决策权重向量。事实上，在通常的决策中由于不同决策专家的地位、知识以及对问题的熟悉程度不同，在制定决策时，通常会赋予它们不同的权重系数。其中 $v_t(t = 1, 2, \cdots, k)$ 为第 t 个专家的权重，满足 $0 \leqslant v_t \leqslant 1 (t = 1, 2, \cdots, k)$ 和 $\sum_{t=1}^{k} v_t = 1$。

设专家 D_k 给出评价对象 x_i 关于指标 o_j 的语言评价值为 s_{ij}^k，于是得到语言短

语评价决策矩阵 $\tilde{S}^k=(s_{ij}^k)_{m\times n}(k=1,2,\cdots,s)$，要求据此决策矩阵对各待评对象进行评价。

下面给出考虑基于后悔理论的参数型直觉梯形模糊多属性决策法的计算步骤：

步骤1　根据表5.6将评价决策阵 $\tilde{S}^k=(s_{ij}^k)_{m\times n}(k=1,2,\cdots,s)$ 转换为参数型直觉梯形模糊数决策阵 $\tilde{A}^k=(\tilde{a}_{ij}^k)_{m\times n}$，其中

$$\tilde{a}_{ij}(k)=\langle(a_{ij1}(k),a_{ij2}(k),a_{ij3}(k),a_{ij4}(k)),(b_{ij1}(k),b_{ij2}(k),b_{ij3}(k),b_{ij4}(k))\rangle$$

表5.6　语言短语与参数型直觉梯形模糊数（Ye（2012））

语言短语	语言短语的简写形式	参数型直觉梯形模糊数
绝对低	AL	⟨(0.001,0.001,0.001,0.001),(0.001,0.001,0.001,0.001)⟩
低	L	⟨(0.0,0.1,0.2,0.3),(0.0,0.1,0.2,0.3)⟩
一般低	FL	⟨(0.1,0.2,0.3,0.4),(0.0,0.2,0.3,0.5)⟩
中等	M	⟨(0.3,0.4,0.5,0.6),(0.2,0.4,0.5,0.7)⟩
一般高	FH	⟨(0.5,0.6,0.7,0.8),(0.4,0.6,0.7,0.9)⟩
高	H	⟨(0.7,0.8,0.9,1.0),(0.7,0.8,0.9,1.0)⟩
绝对高	AH	⟨(1.0,1.0,1.0,1.0),(1.0,1.0,1.0,1.0)⟩

步骤2　对专家群组的评价信息集结得到综合决策矩阵 $\tilde{X}=(x_{ij})_{m\times n}$，其中 $x_{ij}=\dfrac{1}{s}\sum\limits_{k=1}^{s}\tilde{a}_{ij}^k$。

步骤3　计算对象 x_i 关于指标 o_j 的综合属性值 $x_{ij}=\langle(a_{ij1},a_{ij2},a_{ij3},a_{ij4}),(b_{ij1},b_{ij2},b_{ij3},b_{ij4})\rangle$ 的期望值 $S_{ij}=\dfrac{1}{8}(a_{ij1}+a_{ij2}+a_{ij3}+a_{ij4}+b_{ij1}+b_{ij2}+b_{ij3}+b_{ij4})$，得到矩阵 $S=(S_{ij})_{m\times n}$。

步骤4　定义正负理想点。

正理想点定义为：$x^+=(x_1^+,x_2^+,\cdots,x_n^+)$，其中

$$x_j^+=\langle(1,1,1,1),(1,1,1,1)\rangle\quad(j=1,2,\cdots,n)$$

负理想点定义为：$x^-=(x_1^-,x_2^-,\cdots,x_n^-)$，其中

$$x_j^-=\langle(0,0,0,0),(0,0,0,0)\rangle\quad(j=1,2,\cdots,n)$$

步骤5　根据式（5.19）计算各方案属性值 $x_{ij}=\langle(a_{ij1},a_{ij2},a_{ij3},a_{ij4}),(b_{ij1},b_{ij2},b_{ij3},b_{ij4})\rangle$ 与正负理想点相应属性值的距离 $d(x_{ij},x_j^+)$ 和 $d(x_{ij},x_j^-)$。

步骤6　根据式（5.8），计算决策者对各个方案 x_i 的对应属性值 x_{ij} 的感知效用函数值。

步骤7　确定属性权重。

本节采用函数 $v_{ij}(x_{ij})=S(x_{ij})^{\alpha}(0<\alpha<1)$ 作为属性值的效用函数，其中 $S(x)$

为参数型直觉梯形模糊数 x 的期望值，则决策者对方案 x_i 的对应属性值 x_{ij} 的感知效用函数也可以表示为式（5.8）的形式。设部分已知的属性权重信息集合为 H，类似 5.2 节的讨论，也可以构建形如式（5.11）的优化模型，求解最优属性权重向量 $\boldsymbol{w}^* = (w_1^*, w_2^*, \cdots, w_n^*)$。

步骤 8 将步骤 7 求解得到的最优权重代入式（5.12），得到各备选方案的综合感知效用值。根据综合感知效用值 H_i 的大小确定方案的优劣。H_i 的值越大，对应的备选方案 A_i 越优。

5.3.3 算例分析

例 5.2 采用 Herrera 和 Viedma[234] 的例子说明本节提出的决策方法的有效性和可行性。某企业现有一大笔闲散资金长期不会动用，于是想进行风险投资，经过初步的调查和分析，筛选出 4 个备选的投资对象：小汽车制造公司、食品加工企业、计算机公司、电视公司。现在公司董事会对这 4 个备选投资对象根据如下三个评价属性：社会效益（o_1）、经济效益（o_2）、环境影响（o_3）进行综合评估。该企业现聘请了 3 位专家 D_1，D_2，D_3，针对这 4 个备选投资对象进行打分，具体的属性评价信息以语言短语的形式给出，相应的评价决策矩阵见表 5.7。这里假设专家的重要程度相同，评价属性权重信息部分已知，满足 $\boldsymbol{H} = \{\boldsymbol{w} = (w_1, w_2, w_3) \mid 0.1 \leqslant w_1 \leqslant 0.3, 0.2 \leqslant w_2 \leqslant 0.4, w_5 \leqslant 0.5, w_3 - w_2 \geqslant 0\}$。试确定最佳投资对象。

表 5.7 专家给出的语言评价值

备选方案	D_1			D_2			D_3		
	o_1	o_2	o_3	o_1	o_2	o_3	o_1	o_2	o_3
x_1	M	M	FL	FL	M	L	M	FH	FL
x_2	FH	FH	M	FH	H	M	M	FH	M
x_3	M	FH	M	M	FH	FL	FH	FH	M
x_4	H	M	FL	H	FH	FL	H	H	M

下面给出本章提出的考虑决策者心理行为的决策方法的具体计算步骤：

步骤 1 将专家的语言评价值转换为相应的参数型直觉梯形模糊数，见表 5.8 ~ 表 5.10。

表 5.8 对应于专家 D_1 的直觉梯形模糊数型决策矩阵

备选方案	评估属性		
	o_1	o_2	o_3
x_1	$\langle(0.3,0.4,0.5,0.6),$ $(0.2,0.4,0.5,0.7)\rangle$	$\langle(0.3,0.4,0.5,0.6),$ $(0.2,0.4,0.5,0.7)\rangle$	$\langle(0.1,0.2,0.3,0.4),$ $(0.0,0.2,0.3,0.5)\rangle$

续表 5.8

备选方案	评估属性		
	o_1	o_2	o_3
x_2	〈(0.5,0.6,0.7,0.8),(0.4,0.6,0.7,0.9)〉	〈(0.5,0.6,0.7,0.8),(0.4,0.6,0.7,0.9)〉	〈(0.3,0.4,0.5,0.6),(0.2,0.4,0.5,0.7)〉
x_3	〈(0.3,0.4,0.5,0.6),(0.2,0.4,0.5,0.7)〉	〈(0.5,0.6,0.7,0.8),(0.4,0.6,0.7,0.9)〉	〈(0.3,0.4,0.5,0.6),(0.2,0.4,0.5,0.7)〉
x_4	〈(0.7,0.8,0.9,1.0),(0.7,0.8,0.9,1.0)〉	〈(0.3,0.4,0.5,0.6),(0.2,0.4,0.5,0.7)〉	〈(0.1,0.2,0.3,0.4),(0.0,0.2,0.3,0.5)〉

表 5.9　对应于专家 D_2 的直觉梯形模糊数型决策矩阵

备选方案	评估属性		
	o_1	o_2	o_3
x_1	〈(0.1,0.2,0.3,0.4),(0.0,0.2,0.3,0.5)〉	〈(0.3,0.4,0.5,0.6),(0.2,0.4,0.5,0.7)〉	〈(0.0,0.1,0.2,0.3),(0.0,0.1,0.2,0.3)〉
x_2	〈(0.5,0.6,0.7,0.8),(0.4,0.6,0.7,0.9)〉	〈(0.7,0.8,0.9,1.0),(0.7,0.8,0.9,1.0)〉	〈(0.3,0.4,0.5,0.6),(0.2,0.4,0.5,0.7)〉
x_3	〈(0.3,0.4,0.5,0.6),(0.2,0.4,0.5,0.7)〉	〈(0.5,0.6,0.7,0.8),(0.4,0.6,0.7,0.9)〉	〈(0.1,0.2,0.3,0.4),(0.0,0.2,0.3,0.5)〉
x_4	〈(0.7,0.8,0.9,1.0),(0.7,0.8,0.9,1.0)〉	〈(0.5,0.6,0.7,0.8),(0.4,0.6,0.7,0.9)〉	〈(0.1,0.2,0.3,0.4),(0.0,0.2,0.3,0.5)〉

表 5.10　对应于专家 D_3 的直觉梯形模糊数型决策矩阵

备选方案	评估属性		
	o_1	o_2	o_3
x_1	〈(0.3,0.4,0.5,0.6),(0.2,0.4,0.5,0.7)〉	〈(0.5,0.6,0.7,0.8),(0.4,0.6,0.7,0.9)〉	〈(0.1,0.2,0.3,0.4),(0.0,0.2,0.3,0.5)〉
x_2	〈(0.3,0.4,0.5,0.6),(0.2,0.4,0.5,0.7)〉	〈(0.5,0.6,0.7,0.8),(0.4,0.6,0.7,0.9)〉	〈(0.3,0.4,0.5,0.6),(0.2,0.4,0.5,0.7)〉
x_3	〈(0.5,0.6,0.7,0.8),(0.4,0.6,0.7,0.9)〉	〈(0.5,0.6,0.7,0.8),(0.4,0.6,0.7,0.9)〉	〈(0.3,0.4,0.5,0.6),(0.2,0.4,0.5,0.7)〉
x_4	〈(0.7,0.8,0.9,1.0),(0.7,0.8,0.9,1.0)〉	〈(0.7,0.8,0.9,1.0),(0.7,0.8,0.9,1.0)〉	〈(0.3,0.4,0.5,0.6),(0.2,0.4,0.5,0.7)〉

步骤 2　对专家群组的评价信息进行集结。

具体计算方法如下：

根据定义 2.20 规定的参数型直觉梯形模糊数的加法运算，对所有的 i 和 j，计算 $\tilde{a}_{ij}=\frac{1}{3}\sum_{k=1}^{3}\tilde{a}_{ij}^{k}$，最终得到集结后的决策矩阵 $\tilde{\boldsymbol{A}}=(\tilde{a}_{ij})_{m\times n}$。具体的计算结果见表 5.11。

表 5.11 集结后的直觉梯形模糊数型决策矩阵

备选方案	评估属性		
	o_1	o_2	o_3
x_1	〈(0.2333,0.3333,0.4333,0.5333),(0.1333,0.3333,0.4333,0.6333)〉	〈(0.3667,0.4667,0.5667,0.6667),(0.2667,0.4667,0.5667,0.7667)〉	〈(0.0667,0.1667,0.2667,0.3667),(0,0.1667,0.2667,0.4333)〉
x_2	〈(0.4333,0.5333,0.6333,0.7333),(0.3333,0.5333,0.6333,0.8333)〉	〈(0.5667,0.6667,0.7667,0.5667),(0.5000,0.6667,0.7667,0.9333)〉	〈(0.3000,0.4000,0.5000,0.6000),(0.2000,0.4000,0.5000,0.7000)〉
x_3	〈(0.3667,0.4667,0.5667,0.6667),(0.2667,0.4667,0.5667,0.7667)〉	〈(0.5000,0.6000,0.7000,0.8000),(0.4000,0.6000,0.7000,0.9000)〉	〈(0.2333,0.3333,0.4333,0.5333),(0.1333,0.3333,0.4333,0.6333)〉
x_4	〈(0.7000,0.8000,0.9000,1.0000),(0.7000,0.8000,0.9000,1.0000)〉	〈(0.5000,0.6000,0.7000,0.8000),(0.4333,0.6000,0.7000,0.8667)〉	〈(0.1667,0.2667,0.3667,0.4667),(0.0667,0.2667,0.3667,0.5667)〉

步骤 3 计算 x_i 关于指标 o_j 的综合属性值 $x_{ij}=\langle(a_{ij1},a_{ij2},a_{ij3},a_{ij4}),(b_{ij1},b_{ij2},b_{ij3},b_{ij4})\rangle$ 的期望值矩阵 $\boldsymbol{S}=(S_{ij})_{m\times n}$，得

$$\boldsymbol{S}=(S_{ij})_{4\times 3}=\begin{pmatrix}0.3833 & 0.5167 & 0.2167\\ 0.5833 & 0.6792 & 0.4500\\ 0.5167 & 0.6500 & 0.3833\\ 0.8500 & 0.6500 & 0.3167\end{pmatrix}$$

步骤 4 定义正负理想点。

正理想点定义为：$x^{+}=(x_1^{+},x_2^{+},x_3^{+})$，其中 $x_j^{+}=\langle(1,1,1,1),(1,1,1,1)\rangle$，$j=1,2,3$；

负理想点定义为：$x^{-}=(x_1^{-},x_2^{-},x_3^{-})$，其中 $x_j^{-}=\langle(0,0,0,0),(0,0,0,0)\rangle$，$j=1,2,3$。

步骤 5 根据式（5.19）计算各方案属性值与正负理想点相应属性值的距离 $d(x_{ij},x_j^{+})$ 和 $d(x_{ij},x_j^{-})$，结果见表 5.12。

表 5.12　各方案属性值与正、负理想点相应属性值的距离集

备选对象	$d(x_{ij},x_j^+)$			$d(x_{ij},x_j^-)$		
	x_1^+	x_2^+	x_3^+	x_1^+	x_2^+	x_3^+
x_1	1.0404	0.8982	1.2082	0.7847	0.9346	0.5712
x_2	0.8234	0.7051	0.9704	1.0056	1.1019	0.8612
x_3	0.8982	0.7450	1.0404	0.9346	1.0747	0.7847
x_4	0.4690	0.7446	1.1086	1.2728	1.0745	0.7041

步骤 6　根据式（5.8），计算决策者对各个备选方案对应的属性值 x_{ij} 的感知效用函数值 F_{ij}。本节 $\alpha=0.88$，$\delta=0.3$，计算结果见表 5.13。

表 5.13　决策者对各个备选方案对应的属性值的感知效用函数值

备选对象	评估属性		
	o_1	o_2	o_3
A_1	0.2735	0.4945	-0.0190
A_2	0.6025	0.7573	0.3850
A_3	0.4945	0.7096	0.2735
A_4	1.0330	0.7097	0.1594

步骤 7　根据式（5.11）建立如下线性规划模型：

$$\max V=2.4036w_1+2.6712w_2+0.7988w_3$$

$$\text{s.t.}\begin{cases}0.1\leqslant w_1\leqslant 0.3\\0.2\leqslant w_2\leqslant 0.4\\w_3\leqslant 0.5\\w_3-w_2\geqslant 0\\w_1+w_2+w_3=1\\w_j\geqslant 0(j=1,2,3)\end{cases}$$

求解上述模型，得到最优属性权重向量 $\boldsymbol{w}^*=(w_1^*,w_2^*,w_3^*)=(0.30,0.35,0.35)$。

步骤 8　将 $\boldsymbol{w}^*$ 代入式（5.12），得到各备选方案的综合感知效用值：

$$H_1=0.2485,H_2=0.5806,H_3=0.4925,H_4=0.6141$$

根据综合感知效用值 H_i 从大到小的顺序对备选方案进行排序，得到排序结果为

$$x_4\succ x_2\succ x_3\succ x_1$$

最优投资方案为 x_4，即最佳投资企业是电视企业。

5.4　本章小结

与效用理论相比，前景理论和后悔理论都是在考虑人的有限理性的前提下提

出的考虑决策者心理行为的决策理论，它们能够更真实地描述决策者在不确定条件下的心理行为。近年来，基于后悔理论的多属性决策法在基于属性值为区间数、区间灰数以及三参数区间灰数等多属性决策问题中取得了一些研究成果。然而针对直觉模糊数和参数型直觉梯形模糊数的相关研究还鲜有文献探讨，为此本章的主要工作为：

针对属性权重不完全确定的直觉模糊数和参数性直觉梯形模糊数型多属性决策问题，提出一种基于后悔理论的决策方法。该方法以决策者对方案集的综合感知效用最大化为目标，求解最优属性权重向量，并据此得到各个备选方案的最优综合感知效用值，最终根据最优综合感知效用值的大小对方案进行优劣排序。新的决策方法具有概念清晰、计算过程简单并易于软件实现等特点，具有较高的实际应用价值。

6 研究总结与展望

6.1 研究总结

近年来，基于直觉模糊信息的多属性决策法的研究已经取得了一些成果，但是考虑决策者行为因素的直觉模糊多属性决策的理论与应用研究还不够深入，还存在着一些需要改进和深入研究的问题。例如直觉模糊数、直觉梯形模糊数的加法运算还存在着反直觉的特例，而现有的基于算子聚合的多属性决策方法绝大部分又离不开加法运算，这将削弱决策结果的信服力；同时直觉模糊排序方法的研究还不够深入，从不同侧重的角度出发提出的不同的排序方法也是各有优劣；现有的大多数直觉模糊熵、相似度测度等还存在着一些反直觉特例等。为此关于直觉模糊多属性决策的研究还有大量的工作要做。本书的主要研究工作如下：

（1）针对直觉模糊数和区间直觉模糊数分别发展了考虑决策者风险态度的新的排序函数，新的排序函数能够同时考虑直觉模糊自身包含的信息量和可靠性信息；构造了考虑决策者风险态度的直觉梯形模糊数排序函数，解决了属性权重信息不完全情形的属性权重确定问题，并提出了基于排序函数的直觉模糊多属性决策方法，且通过算例分析说明新提出的排序函数的有效性与可行性。

（2）基于经典的卡方距离公式构造了直觉模糊集的卡方距离和卡方相似度公式，并将相似度应用于聚类分析，提出了一种基于卡方相似度的直觉模糊网格聚类分析法，并进一步发展了基于卡方距离和前景理论的直觉模糊多属性决策法；构造了考虑决策者风险态度的广义直觉梯形模糊数的排序函数，并进一步提出了基于前景理论的广义直觉梯形模糊数的多属性决策方法，且通过算例分析说明方法的有效性和可行性。

（3）基于后悔理论，针对属性权重信息部分已知情形，构造了求解属性权重的最优化模型，并发展了属性值为直觉模糊数的多属性决策法；对参数型直觉梯形模糊数，首先构造了一类新的距离测度公式，并基于新的距离公式，针对属性权重不完全确定的参数型直觉梯形模糊数型多属性决策问题，提出一种基于后悔理论的多属性决策方法。新的决策法以决策者对方案集的综合感知效用最大化为目标，求解最优属性权重向量，并据此得到各个备选方案的最优综合感知效用值，最终根据最优综合感知效用值的大小对方案进行优劣排序。新的决策方法具有概念清晰、计算过程简单并易于软件实现等特点，具有较高的实际应用价值。

6.2 研究展望

虽然本书在含有直觉模糊信息的多属性决策法的研究中做了一些工作，取得了一些有价值的研究成果，但在许多方面还需要进一步的研究和完善：

（1）针对复杂的应急管理事件，若决策专家数目很大，各个专家对决策问题的熟悉程度以及专家的知识结构不同，每个专家对待风险的态度可能是不同的，加上决策的时间有限，那么如何快速地集结多个专家的决策意见，给出合理的大群体直觉模糊决策法，还有待进一步研究。

（2）在实际决策过程中，决策者对一些决策问题采用不同的决策方法得到的决策结果可能不完全相同，存在偏差，因此如何选择更加合理或综合集成不同的决策方法进行决策，这需要在今后的研究中进一步考虑。

（3）目前研究的多属性决策问题只在属性权重信息上有一些限制，而在实际的决策过程中，决策者可能会对某些属性给出与目标函数有关的一些限制条件，或者有时候决策者拟选定的并不是某个最佳方案而是相对最优的方案组合，以应对危机事件的发生，对于这方面的研究本书没有涉及。

（4）尽管本书提出了一些方法并给出了算例分析，但是在应用和实证方面还很不够，还没有真正落地。在今后的工作中针对不同的决策问题，如何设计合理有效的问卷来确定评价属性以及筛选出决策专家组有效的评价信息需要进一步深入研究。

参 考 文 献

[1] 徐宗本，冯芷艳，郭迅华，等．大数据驱动的管理与决策前沿课题［J］．管理世界，2014，254（11）：158～163.

[2] 穆怀中，闫琳琳．新型农村养老保险参保决策影响因素研究［J］．人口研究，2012，36（1）：73～82.

[3] 樊治平，刘洋，沈荣鉴．基于前景理论的突发事件应急响应的风险决策方法［J］．系统工程理论与实践，2012，32（5）：977～984.

[4] 袁宇，关涛，闫相斌，等．基于混合 VIKOR 方法的供应商选择决策模型［J］．控制与决策，2014，9（3）：551～560.

[5] 易雪辉，周宗放．核心企业回购担保下银行的存货质押融资定价决策［J］．系统工程，2011（1）：38～44.

[6] 李荣钧．模糊多准则决策理论与应用［M］．北京：科学出版社，2002.

[7] 卫贵武．基于模糊信息的多属性决策理论与方法［M］．北京：中国经济出版社，2010.

[8] 卫贵武．基于不确定信息的风险投资项目评估模型研究［M］．成都：西南交通大学出版社，2013.

[9] 肖俊华，侯云先．综合多属性决策的区域救灾物资储备库选址模型研究［J］．中国安全科学学报，2013，23（7）：164.

[10] Chen Y Z. Applying Fuzzy Multi-Criteria Decision-Making Method to Evaluate Key Capabilities of an ASP Company［D］. Taibei：Chang June Christian University，2007.

[11] 李玉鹏，连晓振，卢成，等．基于混合模糊多属性决策的复杂产品模块划分方案评价［J］．上海交通大学学报，2017，51（11）：1374～1382.

[12] 王博，王建玲．企业财务管理风险的模糊多属性评价法［J］．统计与决策，2019，35（1）：188～190.

[13] Atanassov K T. Intuitionistic Fuzzy Sets［J］. Fuzzy Sets and Systems，1986，20（1）：87～96.

[14] Torra V. Hesitant fuzzy sets［J］. International Journal of Intelligent Systems，2010，25（6）：529～539.

[15] Smarandache F. Neutrosophic Set—A Generalization of the Intuitionistic Fuzzy Set［J］. Journal of Defense Resources Management，2010，1（1）：38～42.

[16] Yager R R，Abbasov A M. Pythagorean Membership Grades，Complex Numbers，and Decision Making［J］. International Journal of Intelligent Systems，2013，28（5）：436～452.

[17] Liu H W，Wang G J. Multi-criteria decision-making methods based on intuitionistic fuzzy sets［J］. European Journal of Operational Research，2007，179（1）：220～233.

[18] Ye J. Multicriteria fuzzy decision-making method based on a novel accuracy function under interval-valued intuitionistic fuzzy environment［J］. Expert Systems with Applications，2009，36（3）：6899～6902.

[19] Li D F. Multiattribute decision making method based on generalized OWA operators with intuitionistic fuzzy sets［J］. Expert Systems with Applications，2010，37（12）：8673～8678.

[20] 雷英杰，赵杰，路艳丽，等．直觉模糊集理论及应用［M］．北京：科学出版社，2014.

[21] Atanassov K T, Gargov G. Interval-valued intuitionistic fuzzy sets [J]. Fuzzy Sets Syst. 1989, 31 (3): 343 ~ 349.

[22] Garg H. Some series of intuitionistic fuzzy interactive averaging aggregation operators [J]. Springerplus, 2016, 5 (1): 1 ~ 27.

[23] Chen S M, Huang Z C. Multiattribute decision making based on interval-valued intuitionistic fuzzy values and linear programming methodology [J]. Information Sciences, 2017, 381: 341 ~ 351.

[24] Verma H, Agrawal R K, Sharan A. An improved intuitionistic fuzzy c-means clustering algorithm incorporating local information for brain image segmentation [J]. Applied Soft Computing, 2016, 46 (C): 543 ~ 557.

[25] Meng F, Chen X. Interval-valued intuitionistic fuzzy multi-criteria group decision making based on cross entropy and 2-additive measures [J]. Soft Computing, 2015, 19 (7): 2071 ~ 2082.

[26] Liu P, Li H. Interval-Valued Intuitionistic Fuzzy Power Bonferroni Aggregation Operators and Their Application to Group Decision Making [J]. Cognitive Computation, 2017, 9 (1): 1 ~ 19.

[27] Liao H, Xu Z. Automatic procedures for group decision making with intuitionistic fuzzy preference relations [J]. Knowledge-Based Systems, 2015, 80 (5): 131 ~ 142.

[28] Liao H, Xu Z, Zeng X J, et al. An enhanced consensus reaching process in group decision making with intuitionistic fuzzy preference relations [J]. Information Sciences, 2016, 329 (C): 274 ~ 286.

[29] Le H S, Thong N T. Intuitionistic fuzzy recommender systems: An effective tool for medical diagnosis [J]. Knowledge-Based Systems, 2015, 74 (1): 133 ~ 150.

[30] Garg H. Novel intuitionistic fuzzy decision making method based on an improved operation laws and its application [J]. Engineering Applications of Artificial Intelligence, 2017, 60: 164 ~ 174.

[31] Grzegrorzewski P. The Hamming distance between intuitionistic fuzzy sets [C] // Proc. of the IFSA 2003 World Congress, ISTANBUL, 2003.

[32] Nehi H M, Maleki H R. Intuitionistic fuzzy numbers and it's applications in fuzzy optimization problem [C]//Proceedings of the 9th WSEAS international conference on systems, Athens, Greece, 2005: 1 ~ 5.

[33] Shu M H, Cheng C H, Chang J R. Using intuitionistic fuzzy sets for fault-tree analysis on printed circuit board assembly [J]. Microelect ronics Reliability, 2006, 46 (12): 2139 ~ 2148.

[34] 王坚强，张忠．基于直觉模糊数的信息不完全的多准则规划方法［J］．控制与决策，2008，23（10）：1145 ~ 1148.

[35] 徐泽水．对方案有偏好的三角模糊数型多属性决策方法研究［J］．系统工程与电子技术，2002，24（8）：9 ~ 12.

[36] 于春海，樊治平．一种基于风险态度因子的区间数信息聚类方法［J］．东北大学学报，2003（11）：98 ~ 100.

[37] 高建伟，郭奉佳. 基于改进前景理论的直觉模糊随机多准则决策方法［J］. 控制与决策，2019，34（2）：317～324.

[38] 谭春桥，张晓丹. 基于后悔理论的不确定风险型多属性决策 VIKOR 方法［J］. 统计与决策，2019，35（1）：49～53.

[39] 徐泽水. 不确定多属性决策方法及应用［M］. 北京：清华大学出版社，2004.

[40] 李登峰. 直觉模糊集决策与对策分析方法［M］. 北京：国防工业出版社，2012.

[41] Xu Z S, Da Q L. The Uncertain OWA operator [J]. International Journal of Intelligent Systems, 2002, 17 (6): 569～575.

[42] 贺芳. 基于改进区间数密度集结算子指标群赋权方法［J］. 运筹与管理，2013，22（4）：133～138.

[43] 陈启明，陈华友. 基于 IOWA 算子的投影法在加权几何平均组合预测模型中的应用及性质［J］. 数理统计与管理，2013，32（6）：1020～1027.

[44] 卫贵武. FOWHA 算子及其在决策中的应用［J］. 系统工程与电子技术，2009，31（4）：855～858.

[45] 王欣荣，樊治平. 一种模糊有序加权（FOWA）算子及其应用［J］. 模糊系统与数学，2003，17（4）：67～72.

[46] Xu Z S. Intuitionistic fuzzy aggregation operators [J]. IEEE Transaction on Fuzzy Systems, 2007, 15 (6): 1179～1187.

[47] Xu Z S, Yager R R. Some geometric aggregation operators based on intuitionistic fuzzy sets [J]. International Journal of General Systems, 2006, 35 (4): 417～433.

[48] Liu P, Chen S M. Group Decision Making Based on Heronian Aggregation Operators of Intuitionistic Fuzzy Numbers [J]. IEEE Trans Cybern, 2017, 47 (9): 2514～2530.

[49] Liu P, Peng W. Some Improved Linguistic Intuitionistic Fuzzy Aggregation Operators and Their Applications to Multiple-Attribute Decision Making [J]. International Journal of Information Technology & Decision Making, 2017, 16 (3): 817～850.

[50] Yang Z, Li J, Huang L, et al. Developing dynamic intuitionistic normal fuzzy aggregation operators for multi-attribute decision-making with time sequence preference [J]. Expert Systems with Applications An International Journal, 2017, 82 (C): 344～356.

[51] 徐泽水. 区间直觉模糊的信息集成方法及其在决策中的应用［J］. 控制与决策，2007，22（7）：215～219.

[52] 徐泽水，陈剑. 一种基于区间直觉模糊判断矩阵的群决策方法［J］. 系统工程理论与实践，2007，27（4）：126～133.

[53] Li D F. Multiattribute decision making method based on generalized OWA operators with intuitionistic fuzzy sets [J]. Expert Systems and Applications, 2010, 37 (12): 8673～8678.

[54] Li D F. The GOWA operator based approach to multiattribute decision making using intuitionistic fuzzy sets [J]. Mathematical and Computer Modelling, 2011, 53 (5-6): 1182～1196.

[55] 伍之前，李登峰. 基于 GOWA 算子的直觉模糊多属性决策方法［J］. 运筹与管理，2010，19（3）：60～64.

[56] Xu Z, Yager R R. Intuitionistic fuzzy bonferroni means [J]. IEEE Transactions on Systems,

Man, and Cybernetics B: Cybernetics, 2011, 41 (2): 568 ~ 578.

[57] 何迎东, 陈华友, 周礼刚, 等. 直觉模糊 Power 交叉影响平均算子及其在群决策中的应用 [J]. 模糊系统与数学, 2014, 28 (5): 161 ~ 169.

[58] Liang D, Xu Z, Liu D. Three-way decisions with intuitionistic fuzzy decision-theoretic rough sets based on point operators [J]. Information Sciences, 2017, 375: 183 ~ 201.

[59] Liu P, Li H. Interval-Valued Intuitionistic Fuzzy Power Bonferroni Aggregation Operators and Their Application to Group Decision Making [J]. Cognitive Computation, 2017, 9 (1): 1 ~ 19.

[60] Liu P. Multiple Attribute Group Decision Making Method Based on Interval-Valued Intuitionistic Fuzzy Power Heronian Aggregation Operators [J]. Computers & Industrial Engineering, 2017, 108: 199 ~ 212.

[61] Garg H. Generalized interaction aggregation operators in intuitionistic fuzzy multiplicative preference environment and their application to multicriteria decision-making [J]. Applied Intelligence, 2017, 48 (6): 1 ~ 17.

[62] He Y, Zhen H, He H. Decision making with the generalized intuitionistic fuzzy power interaction averaging operators [J]. Soft Computing, 2017, 21 (5): 1129 ~ 1144.

[63] Zeng S. Some Intuitionistic Fuzzy Weighted Distance Measures and Their Application to Group Decision Making [J]. Group Decision & Negotiation, 2013, 22 (2): 281 ~ 298.

[64] Zeng S, Su W, Sun L. A method based on similarity measures for interactive group decision-making with intuitionistic fuzzy preference relations [J]. Applied Mathematical Modelling, 2013, 37 (10 – 11): 6909 ~ 6917.

[65] Ye J. Multicriteria decision-making method using the Dice similarity measure based on the reduct intuitionistic fuzzy sets of interval-valued intuitionistic fuzzy sets [J]. Applied Mathematical Modelling, 2012, 36 (9): 4466 ~ 4472.

[66] Hwang C M, Yang M S, Hung W L, et al. A similarity measure of intuitionistic fuzzy sets based on the Sugeno integral with its application to pattern recognition [J]. Information Sciences, 2012, 189 (6): 93 ~ 109.

[67] Papakostas G A, Hatzimichailidis A G, Kaburlasos V G. Distance and similarity measures between intuitionistic fuzzy sets: A comparative analysis from a pattern recognition point of view [J]. Pattern Recognition Letters, 2013, 34 (14): 1609 ~ 1622.

[68] Dhivya J, Sridevi B. A novel similarity measure between intuitionistic fuzzy sets based on the mid points of transformed triangular fuzzy numbers with applications to pattern recognition and medical diagnosis [J]. Applied Mathematics: A Journal of Chinese Universities, 2019 (2): 229 ~ 252.

[69] Thong N T, Le H S. HIFCF: An effective hybrid model between picture fuzzy clustering and intuitionistic fuzzy recommender systems for medical diagnosis [J]. Expert Systems with Applications, 2015, 42 (7): 3682 ~ 3701.

[70] Joshi R, Kumar S. Jensen-Tsalli's Intuitionistic Fuzzy Divergence Measure and Its Applications in Medical Analysis and Pattern Recognition [J]. International Journal of Uncertainty, Fuzzi-

ness and Knowledge-Based Systems, 2019, 27 (10): 145 ~ 169.

[71] Hwang C, Yang M, Hung W. New similarity measures of intuitionistic fuzzy sets based on the Jaccard index with its application to clustering [J]. International Journal of Intelligent Systems, 2018, 33 (8).

[72] Hwang C M, Yang M S, Hung W L. New similarity measures of intuitionistic fuzzy sets based on the Jaccard index with its application to clustering [J]. International Journal of Intelligent Systems, 2018, 33 (8): 1672 ~ 1688.

[73] Danish L Q M, Rinki S, Muhuri P K. Novel Adaptive Clustering Algorithms based on a Probabilistic Similarity Measure over Atanassov Intuitionistic Fuzzy Set [J]. IEEE Transactions on Fuzzy Systems, 2018, 26 (6): 3715 ~ 3729.

[76] Bustince H, Burillo P. Correlation of interval-valued intuitionistic fuzzy sets [J]. Fuzzy Sets and Systems, 1995, 74: 237 ~ 244.

[77] Szmidt E, Kacprzyk J. Distances between intuitionistic fuzzy sets [J]. Fuzzy Sets and Systems, 2000, 114: 505 ~ 518.

[78] Xu Z S. Some similarity measures of intuitionistic fuzzy sets and their applications to multiple attribute decision making [J]. Fuzzy Optimization and Decision Making, 2007, 6: 109 ~ 121.

[79] Xu Z S. Intuitionistic Fuzzy Aggregation and Clustering [M]. New York: Springer, 2013.

[80] 曾守帧. 基于直觉模糊信息的综合评价问题研究 [D]. 杭州: 浙江工商大学, 2013.

[81] 井美, 惠小静, 王蓉. 基于相似度的直觉模糊推理反向三 I 算法的鲁棒性 [J]. 电子学报, 2020, 48 (2): 59 ~ 65.

[82] Jeevaraj S. Similarity measure on interval valued intuitionistic fuzzy numbers based on non-hesitance score and its application to pattern recognition [J]. Computational and Applied Mathematics, 2020, 39 (3): 1 ~ 15.

[83] Garg H, Singh S. Algorithm for solving group decision-making problems based on the similarity measures under type 2 intuitionistic fuzzy sets environment [J]. Soft Computing, 2020, 24 (10): 7361 ~ 7381.

[84] 张笛. 基于直觉模糊偏好信息的多阶段双边匹配方法 [J]. 模糊系统与数学, 2019, 33 (5): 84 ~ 92.

[85] Li D F, Cheng C T. New similarity measures of intuitionistic fuzzy sets and application to pattern recognition [J]. Pattern Recognition Letters, 2002, 23 (1 – 3): 221 ~ 225.

[86] Mitchell H B. On the Dengfeng-Chuntian similarity measure and its application to pattern recognition [J]. Pattern Recognition Letters, 2003, 24 (16): 3101 ~ 3104.

[87] Hung W L, Yang M S. Similarity measures of intuitionistic fuzzy sets based on hausdorff distance [J]. Pattern Recognition Letters, 2004, 25 (14): 1603 ~ 1611.

[88] Hung W L, Yang M S. Similarity measures of intuitionisticfuzzy sets based on Lp metric [J]. International Journal of Approximate Reasoning, 2007, 46 (1): 120 ~ 136.

[89] Ye J. Cosine similarity measures for intuitionistic fuzzy sets and their applications [J]. Mathematical and Computer Modelling, 2011, 53 (1 – 2): 91 ~ 97.

[90] Hwang C M, Yang M S. New construction for similarity measures between intuitionistic fuzzy

sets based on lower, upper and middle fuzzy sets [J]. International Journal of Fuzzy Systems, 2013, 15 (3): 371 ~ 378.

[91] Intarapaiboon P. A hierarchy-based similarity measure for intuitionistic fuzzy sets [J]. Soft Computing, 2016, 20 (5): 1909 ~ 1919.

[92] Garg H, Kumar K. An advanced study on the similarity measures of intuitionistic fuzzy sets based on the set pair analysis theory and their application in decision making [J]. Soft Computing, 2018, 22 (15) 4959 ~ 4970.

[93] Hwang C M, Yang M S, Hung W L. New similarity measures of intuitionistic fuzzy sets based on the Jaccard index with its application to clustering [J]. International Journal of Intelligent Systems, 2018, 33 (8): 1672 ~ 1688.

[94] Zeng S Z, Yao X. TOPSIS method for intuitionistic fuzzy multiple-criteria decision making and its application to investment selection [J]. Kybernetes, 45 (2): 282 ~ 296.

[95] Wang Y. Intuitionistic fuzzy similarity measure approach based on inclusion degrees [J]. Computer Engineering & Applications, 2008, 44 (11): 16 ~ 18.

[96] Boran, Fatih Emre, Akay, Diyar. A biparametric similarity measure on intuitionistic fuzzy sets with applications to pattern recognition [J]. Information Sciences, 255: 45 ~ 57.

[97] Hwang Chao-Ming, Yang Miin-Shen, Hung Wen-Liang, et al. A similarity measure of intuitionistic fuzzy sets based on the Sugeno integral with its application to pattern recognition [J]. Information Sciences, 189: 93 ~ 109.

[98] Song Y F, Wang X D, Lei L, et al. A novel similarity measure on intuitionistic fuzzy sets with its applications [J]. Applied Intelligence, 2015, 42 (2): 252 ~ 261.

[99] Park J H, Hwang J H, Park W J, et al. Similarity measure on intuitionistic fuzzy sets [J]. Journal of Central South University, 2013, 20 (8): 2233 ~ 2238.

[100] Dhivya J, Sridevi B. A novel similarity measure between intuitionistic fuzzy sets based on the mid points of transformed triangular fuzzy numbers with applications to pattern recognition and medical diagnosis [J]. Applied Mathematics-A Journal of Chinese Universities, 2019, 34 (2): 229 ~ 252.

[101] 王国胤, 于洪, 杨大春. 基于条件信息熵的决策表约简 [J]. 计算机学报, 2002, 25 (7): 759 ~ 766.

[102] 袁久和, 祁春节. 基于熵值法的湖南省农业可持续发展能力动态评价 [J]. 长江流域资源与环境, 2013, 22 (2): 145.

[103] 林珍铭, 夏斌. 熵视角下的广州城市生态系统可持续发展能力分析 [J]. 地理学报, 2013, 68 (1): 45 ~ 57.

[104] 靳冰洁, 张步涵, 姚建国, 等. 基于信息熵的大型电力系统元件脆弱性评估 [J]. 电力系统自动化, 2015, 39 (5): 61 ~ 68.

[105] 王毅, 雷英杰. 一种直觉模糊熵的构造方法 [J]. 控制与决策, 2007, 22 (12): 1390 ~ 1394.

[106] 李凡, 吕泽华, 蔡立晶. 基于 Fuzzy 集的 Vague 集的模糊熵 [J]. 华中科技大学学报 (自然科学版), 2003, 31 (1): 1 ~ 3.

[107] 黄兵，周献中，史迎春．基于一般二元关系的知识粗糙熵与粗集粗糙熵［J］．系统工程理论与实践，2004，24（1）：93～96.

[108] 桂现才．优势关系下序信息系统的信息量与粗糙熵［J］．计算机工程与设计，2008，29（24）：6340～6343.

[109] 刘满凤，任海平．基于一类新的直觉模糊熵的多属性决策方法研究［J］．系统工程理论与实践，2015，35（11）：2909～2916.

[110] 姚伟烈，林琳．基于直觉模糊熵——解析面积的动态多属性决策方法［J］．模糊系统与数学，2015，29（4）：103～108.

[111] 孙贵玲，张建华．IVIFS 环境下基于模糊熵和得分函数的多准则决策方法［J］．模糊系统与数学，2013，27（1）：113～117.

[112] Chakraborty D B, Pal S K. Neighborhood Rough Filter and Intuitionistic Entropy in Unsupervised Tracking [J]. IEEE Transactions on Fuzzy Systems, 2018, 26 (4): 2188～2200.

[113] Zadeh L A. Probability measures of fuzzy events [J]. Journal of Mathematical Analysis and Applications, 1968, 23 (2): 421～427.

[114] Luca A D, Termini S. A definition of non-probabilistic entropy in the setting of fuzzy set theory [J]. Information Control, 1972, 20 (4): 301～312.

[115] Szmidt E, Kacprzyk J. Entropy on intuitionistic fuzzy sets [J]. Fuzzy Sets and Systems, 2001, 118 (3): 467～477.

[116] Zhang Q S, Jiang S Y. A note on information entropy measure for vague sets [J]. Information Sciences, 2008, 178 (21): 4184～4191.

[117] Ye J. Two effective measures of intuitionistic fuzzy ertropy [J]. Computing, 2010, 87 (1/2): 55～62.

[118] Pal N R, Pal S K. Object background segmentation using new definitions of entropy [J]. IEEE Proc, 1989, 366: 284～295.

[119] Verma R, Sharma B D. Exponential entropy on intuitionistic fuzzy sets [J]. Kybernetika, 2013, 49 (1): 114～127.

[120] 高明美，孙涛，朱建军，等．一种改进的直觉模糊熵公理化定义和构造公式［J］．控制与决策，2014，29（3）：470～474.

[121] 魏翠萍，梁霞，张玉忠．直觉模糊集的熵公式比较与改进［J］．系统科学与数学，2012，32（11）：109～120.

[122] 范晓诗，雷英杰，李成海，等．严格直觉模糊熵［J］．系统工程与电子技术，2016，38（3）：128～132.

[123] 陈业华，黄璐．直觉模糊熵的改进及其在应急决策中的应用［J］．统计与决策，2018，34（22）：86～91.

[124] 王坚强，王佩．基于直觉模糊熵的直觉语言多准则决策法［J］．控制与决策，2012，27（11）：1694～1698.

[125] 魏翠萍，高志海，郭婷婷．一个基于三角函数的直觉模糊熵公式［J］．控制与决策，2012，27（4）：571～574.

[126] 刘满凤，任海平．基于一类新的直觉模糊熵的多属性决策方法研究［J］．系统工程理论

与实践，2015，35（11）：2909～2916.

[127] Wei C P, Wang P, Zhang Y Z. Entropy, similarity measure of interval-valued intuitionistic fuzzy sets and their applications [J]. Information Sciences, 2011, 181 (19): 4273～4286.

[128] Vlachos I K, Sergiadis G D. Subsethood, entropy, and cardinality for interval-valued fuzzy sets—An algebraic derivation [J]. Fuzzy Sets and Systems, 2007, 158 (12): 1384～1396.

[129] Ye J. Multicriteria fuzzy decision-making method using entropy weights-based correlation coefficients of interval-valued intuitionistic fuzzy sets [J]. Applied Mathematical Modelling, 2010, 34 (12): 3864～3870.

[130] Chen X H, Yang L, Wang P, et al. An effective interval-valued intuitionistic fuzzy entropy to evaluate entrepreneurship orientation of online P2P lending platforms [J]. Advances in Mathematical Physics, 2013, 2013: 1～8.

[131] Zhang Q S, Xing H Y, Liu F C, et al. Some new entropy measures for interval-valued intuitionistic fuzzy sets based on distances and their relationships with similarity and inclusion measures [J]. Information Sciences, 2014, 283: 55～69.

[132] Chen S M, Tan J M. Handling multicriteria fuzzy decision-making problems based on vague set theory [J]. Fuzzy Sets and Systems, 1994, 67 (2): 221～236.

[133] Hong D H, Choi C H. Multicriteria fuzzy decision making problems based on vague set theory [J]. Fuzzy Sets and Systems, 2000, 114 (1): 103～113.

[134] Ye J. Multicriteria fuzzy decision-making method based on a novel accuracy function under interval-valued intuitionistic fuzzy environment [J]. Expert Systems with Applications, 2009, 36 (3): 6899～6902.

[135] Wang W Z. Comments on "Multicriteria fuzzy decision-making method based on a novel accuracy function under interval-valued intuitionistic fuzzy environment" by Jun Ye [J]. Expert Systems with Applications, 2011, 38 (10): 13186～13187.

[136] Wang J Q, Li K J, Zhang H Y. Interval-valued intuitionistic fuzzy multi-criteria decision-making approach based on prospect score function [J]. Knowledge-Based Systems, 2012, 27: 119～125.

[137] Zhang X M, Xu Z S. A new method for ranking intuitionistic fuzzy values and its application in multi-attribute decision making [J]. Fuzzy Optim. Decis. Making, 2012, 11 (2): 135～146.

[138] Li D F, Ren H P. Multi-attribute decision making method considering the amount and reliability of intuitionistic fuzzy information [J]. Journal of Intelligent & Fuzzy Systems, 2015, 28 (4): 1877～1883.

[139] Lakshmana G N V, Jeevaraj S, Geetha S. Total ordering for intuitionistic fuzzy numbers [J], Complexity, 2016, 21 (S2): 54～66.

[140] Xing Z, Xiong W, Liu H. A Euclidean approach for ranking atanassov intuitionistic fuzzy values [J]. IEEE Transactions on Fuzzy Systems, 2017, 99: 1～13.

[141] Chen T Y. A comparative analysis of score functions for multiple criteria decision making in intuitionistic fuzzy settings [J]. Information Sciences, 2011, 181 (17): 3652～3676.

[142] Wang J Q, Li K J, Zhang H Y, et al. A score function based on relative entropy and its application in intuitionistic normal fuzzy multiple criteria decision making [J]. Journal of Intelligent & Fuzzy Systems: Applications in Engineering and Technology, 2013, 25 (3): 567 ~ 576.

[143] Wan S P, Wang F, Dong J Y. A novel risk attitudinal ranking method for intuitionistic fuzzy values and application to MADM [J]. Applied Soft Computing, 2016, 4098 ~ 112.

[144] Lin J, Meng F Y, Chen R Q, et al. Preference attitude-based method for ranking intuitionistic fuzzy numbers and its application in renewable energy selection [J]. 2018, 2018: 1 ~ 14.

[145] Wang J Q, Li K J, Zhang H Y. Interval-valued intuitionistic fuzzy multi-criteria decision-making approach based on prospect score function [J]. Knowledge-Based Systems, 2012, 27: 119 ~ 125.

[146] Wang C Y, Chen S M. An improved multiattribute decision making method based on new score function of interval-valued intuitionistic fuzzy values and linear programming methodology [J]. Information Sciences, 2017, 411: 176 ~ 184.

[147] Li D F. A ratio ranking method of triangular intuitionistic fuzzy numbers and its application to MADM problems [J]. Computers & Mathematics with Applications, 60 (6): 1557 ~ 1570.

[148] Hao Y, Chen X. Study on the ranking problems in multiple attribute decision making based on interval-valued intuitionistic fuzzy numbers [J]. International Journal of Intelligent Systems, 2017, 33 (3): 560 ~ 572.

[149] Joshi D, Kumar S. Improved accuracy function for interval-valued intuitionistic fuzzy sets and its application to multi-attributes group decision making [J]. Cybernetics & Systems, 2018, 49 (1): 64 ~ 76.

[150] Pranjal T, Palash D. A new ranking approach for interval valued intuitionistic fuzzy sets and its application in decision making year [J]. International Journal of Fuzzy System Applications, 2019, 8: 110 ~ 125.

[150] 张尧，樊治平．基于风险态度因子的不确定语言多指标决策方法 [J]．东北大学学报（自然科学版），2011，32（6）：883 ~ 886.

[151] 樊治平，陈发动，张晓．考虑决策者心理行为的区间数多属性决策方法 [J]．东北大学学报（自然科学版），2011，32（1）：138 ~ 141.

[152] 赵萌，秦松松，谢佳恒，等．考虑决策者风险偏好的区间直觉模糊多属性群决策方法 [J]．运筹与管理，2018，27（1）：7 ~ 16.

[153] Kahneman D, Tversky A. Prospect theory: An analysis of decision under risk [J]. Econometrica, 1979, 47 (2): 263 ~ 292.

[154] 王坚强，周玲．基于前景理论的灰色随机多准则决策方法 [J]．系统工程理论与实践，2010，30（9）：1658 ~ 1664.

[155] 李鹏，刘思峰，朱建军．基于 MYCIN 不确定因子和前景理论的随机直觉模糊决策方法 [J]．系统工程理论与实践，2013，33（6）：1509 ~ 1515.

[156] Gomes L F A M, Lima M M P P. TODIM: Basics and application to multicriteria ranking of projects with environmental impacts [J]. Foundations of Computing and Decision Sciences, 1992, 16 (4): 113 ~ 127.

[157] Fan Z P, Zhang X, Chen F D, et al. Extended TODIM method for hybrid multiple attribute decision making problem [J]. Knowledge-Based Systems, 2013, 42: 40 ~ 48.

[158] Krohling R A, Pacheco A G C, Siviero A L T. IF-TODIM: An intuitionistic fuzzy TODIM to multi-criteria decision making [J]. Knowledge-Based Systems, 2013, 53: 142 ~ 146.

[159] Bell D E. Regret in decision making under uncertainty [J]. Operations Research, 1982, 30 (5): 961 ~ 981.

[160] Loomes G, Sugden R. Regret theory: An alternative theory of rational choice under uncertainty [J]. The Economic Journal, 1982, 92 (368): 805 ~ 824.

[161] 韩菁，叶顺心，柴建，等. 基于后悔理论的混合型多属性案例决策方法 [J]. 中国管理科学, 2016, 24 (12): 108 ~ 116.

[162] 郭三党，刘思峰，等. 基于后悔理论的多目标灰靶决策方法 [J]. 控制与决策, 2015, 30 (9): 1635 ~ 1640.

[163] 张晓，樊治平，陈发动. 基于后悔理论的风险型多属性决策方法 [J]. 系统工程理论与实践, 2013, 33 (9): 2313 ~ 2320.

[164] 刘小弟，朱建军，张世涛，等. 基于后悔理论与群体满意度的犹豫模糊随机多属性决策方法 [J]. 中国管理科学, 2017 (10): 174 ~ 181.

[165] 朱轮，马庆功. 直觉模糊信息环境下考虑后悔规避的决策方法 [J]. 计算机工程与应用, 2017, 53 (14): 123 ~ 129.

[166] Gau W L, Buehrer D J. Vague sets [J]. IEEE Transactions on Systems, Man and Cybernetics, 1993, 23 (2): 610 ~ 614.

[167] Burillo P, Bustince H. Vague sets are intuitionistic fuzzy sets [J]. Fuzzy Sets and Systems, 1996, 79 (3): 403 ~ 405.

[168] Atanassov K T. Intuitionistic Fuzzy Sets [M]. New York: Physica-Verlag, Heidelberg, 1999.

[169] Szmidt E, Kacprzyk J. Distances between intuitionistic fuzzy sets [J]. Fuzzy Sets and Systems, 2000, 114 (3): 505 ~ 518.

[170] Xu Z S, Chen J. An overview of distance and similarity measures of intuitionistic fuzzy sets [J]. International Journal of Uncertainty, Fuzziness and Knowledge-Based Systems, 2008, 16: 529 ~ 555.

[171] Xu Z S. Intuitionistic fuzzy hierarchical clustering algorithms [J]. Journal of System Engineering and Electronics, 2009, 20 (1): 90 ~ 97.

[172] Wei C P, Wang P, Zhang Y Z. Entropy, similarity measure of interval-valued intuitionistic fuzzy sets and their applications [J]. Information Sciences, 2011, 181 (19): 4273 ~ 4286.

[173] Zhang Q S, Jiang S Y, Jia B G, et al. Some information measures for interval-valued intuitionistic fuzzy sets [J]. Information Sciences, 2010, 180 (24): 5130 ~ 5145.

[174] Xu Z S, Yager R R. On consensus in group decision making based on intuitionistic fuzzy preference relation [R]. Technical Report, USA: Stylus Public Press, 2007.

[175] Xu Z S, Yager R R. Dynamic intuitionistic fuzzy multiple attribute decision making [J]. International Journal of Approximate Reasoning, 2008, 48 (1): 246 ~ 262.

[176] Lourenzutti R, Krohling R A. A study of TODIM in a intuitionistic fuzzy and random environment [J]. Expert Systems with Applications, 2013, 40 (16): 6459 ~ 6468.

[177] 刘云志, 樊治平. 考虑决策者给出部分属性期望的风险型多属性决策方法 [J]. 运筹与管理, 2014, 23 (4): 87 ~ 95.

[178] Zhao M, Qin S S, Li Q W, et al. The likelihood ranking methods for interval type-2 fuzzy sets considering risk preferences [J]. Mathematical Problems in Engineering, 2015, 2015 (3): 1 ~ 12.

[179] Li F, Lu A, Cai L J. Methods of multi-criteria fuzzy decision making base on vague sets [J]. Journal of Huazhong University of Science and Technology, 2001, 29 (7): 1 ~ 3.

[180] Li F, Rao Y. Weighted methods of multi-criteria fuzzy decision making based on vague sets [J]. Computer Science, 2001, 28 (7): 60 ~ 65.

[181] Liu H W, Wang G J. Multi-criteria decision making methods based on intuitionistic fuzzy sets [J]. European Journal of Operational Research, 2007, 179 (1): 220 ~ 233.

[182] Jiang J, Chen Y W, Yang K W. TOPSIS with fuzzy belief structure for group belief multiple criteria decision making [J]. Expert Systems with Applications, 2011, 38 (8): 9400 ~ 9406.

[183] Krohling R A, Campanharo V C. Fuzzy TOPSIS for group decision making: A case study for accidents with oil spill in the sea [J]. Expert Systems with Applications, 2011, 38 (4): 4190 ~ 4197.

[184] Yue Z. A method for group decision-making based on determining weights of decision makers using TOPSIS [J]. Applied Mathematical Modeling, 2011, 35 (4): 1926 ~ 1936.

[185] Amiri M P. Project selection for oil-fields development by using the AHP and fuzzy TOPSIS methods [J]. Expert Systems with Applications, 2010, 37 (9): 6218 ~ 6224.

[186] Szmidt E, Kacprzyk J. Amount of information and its reliability in the ranking of Atanassov's intuitionistic fuzzy alternatives [C] // Rakus-Andersson E, Yager R R, Ichalkaranje N, et al, Eds. Recent Advances in Decision Making. Berlin: Springer, 2009: 7 ~ 19.

[187] Wang J Q, Zhang Z. Aggregation operators on intuitionistic trapezoidal fuzzy number and its application to multicriteria decision making problems [J]. Journal of Systems Engineering and Electronics, 2009, 20 (2): 321 ~ 326.

[188] 万树平, 张小路, 李登峰. 直觉梯形模糊群决策的可能性均值方差方法 [J]. 系统工程学报, 2012, 27 (6): 782 ~ 788.

[189] 万树平, 张小路. 基于加权可能性均值的直觉梯形模糊数矩阵博弈求解方法 [J]. 控制与决策, 2012, 27 (8): 1121 ~ 1126.

[190] Wan S P, Wang Q Y, Dong J Y. The extended VIKOR method for multi-attribute group decision making with triangular intuitionistic fuzzy numbers [J]. Knowledge-Based Systems, 2013, 52: 65 ~ 77.

[191] Li D F, Nan J X, Zhang M J. A ranking method of triangular intuitionistic fuzzy numbers and application to decision making [J]. International Journal of Computational Intelligence Systems, 2010, 3 (5): 522 ~ 530.

[192] Nan J X, Li D F. A lexicographic method for matrix payoffs of triangular intuitionistic fuzzy

numbers [J]. International Journal of Computational Intelligence Systems, 2010, 3 (3): 280 ~ 289.

[193] Szmidt E, Kacprzyk J. A similarity measure for intuitionistic fuzzy sets and its application in supporting medical diagnostic reasoning [J]. Lecture Notes in Artificial Intelligence, 2004, 3070: 388 ~ 393.

[194] Xu Z S, Yager R R. Intuitionistic and interval-valued intutionistic fuzzy preference relations and their measures of similarity for the evaluation of agreement within a group [J]. Fuzzy Optimization and Decision Making, 2009, 8 (2): 123 ~ 139.

[195] 尤天慧，樊治平．一种基于决策者风险态度的区间数多指标方法 [J]．运筹与管理，2002，5：1 ~ 4.

[196] Wei G. Some induced geometric aggregation operators with intuitionistic fuzzy information and their application to group decision making [J]. Applied Soft Computing, 2010, 10 (2): 423 ~ 431.

[197] 高妍．财务报告供应链参与主体关系对财务报告质量的影响研究——以企业与投资者关系为例 [D]．上海：东华大学，2011.

[198] 卢茜．地震灾害应急物流系统中公路运输路径选择的研究 [D]．北京：北京交通大学，2009.

[199] 鞠彦兵．模糊环境下应急管理评价方法及应用 [M]．北京：北京理工大学出版社，2013.

[200] Rouyendegh B D. Evaluating projects based on intuitionistic fuzzy group decision making [J]. Journal of Applied Mathematics, 2012, 2012: 1 ~ 16.

[201] Xu Z S, Chen J. On geometric aggregation over interval-valued intuitionistic fuzzy information [C]. The 4th International Conference on Fuzzy Systems and Knowledge Discovery (FSKD'07), Haikou, China, 2007, 2: 466 ~ 471.

[202] Wang Z J, Li K W, Wang K W. An approach to multiattribute decision making with interval-valued intuitionistic fuzzy assessments and incomplete weights [J]. Information Science, 2009, 179 (17): 3026 ~ 3040.

[203] Wu J, Chiclana F. Non-dominance and attitudinal prioritisation methods for intuitionistic and interval-valued intuitionistic fuzzy preference relations [J]. Experts Systems with Applications. 2012, 39 (18): 13409 ~ 13416.

[204] 徐泽水．几类多属性决策方法研究 [D]．南京：东南大学，2002.

[205] Wang X, Huang L, Zhang P Y, et al. A solution of data inconsistencies in data integration-designed for pervasive computing environment [J]. Journal of Computer Science and Technology, 2010, 25 (3): 499 ~ 508.

[206] Wang J Q, Nie R R, Zhang H Y, et al. Intuitionistic fuzzy multi-criteria decision-making method based on evidential reasoning [J]. Applied Soft Computing, 2013, 13 (4): 1823 ~ 1831.

[207] Wang J Q, Nie R R, Zhang H Y, et al. New operators on triangular intuitionistic fuzzy numbers and their applications in system fault analysis [J]. Information Sciences, 2013, 251:

79 ~ 95.

[208] Ren H P, Liu M F. VIKOR method for MADM problem with triangular fuzzy number considering behavior of decision maker [J]. ICIC Express Letters, Part B: Applications, 2014, 5 (3): 879 ~ 884.

[209] 张兴芳，管恩瑞，孟广武. 区间值模糊综合评判及其应用 [J]. 系统工程理论与实践, 2001, 21 (12): 81 ~ 84.

[210] 万树平. 区间型多属性决策的心态指标法 [J]. 控制与决策, 2009, 24 (1): 35 ~ 38.

[211] 王兴权. 决策分析与模糊信息处理 [M]. 上海：上海社会科学院出版社, 2008.

[212] Gonzalez G W R. Curvature of the probability weighting function [J]. Management Science, 1996, 42 (12): 1676 ~ 1690.

[213] Baccour L, Alimi A M, John R I, et al. Similarity measures for intuitionistic fuzzy sets: State of the art [J]. Journal of Intelligent & Fuzzy Systems, 2013, 24 (1): 37 ~ 49.

[214] Chen S M. Measures of similarity between vague sets [J]. Fuzzy Sets and Systems, 1995, 74 (2): 217 ~ 223.

[215] Hong D H, Kim C. A note on similarity measures between vague sets and between elements [J]. Information Sciences. 1999, 115: 83 ~ 96.

[216] Li F, Xu Z F. Similarity measures between vague sets [J]. Journal of Software, 2001, 12: 922 ~ 927.

[217] 李艳红，迟忠先，阎德勤. vague 相似度量与 vague 熵 [J]. 计算机科学, 2002, 29 (12): 129 ~ 132.

[218] Liang Z, Shi P. Similarity measures on intuitionistic fuzzy sets [J]. Pattern Recognition Letters, 2003, 24 (15): 2687 ~ 2693.

[219] Ren H P, Xiao S X, Zhou H. A Chi-square distance-based similarity measure of single-valued neutrosophic set and applications [J]. International Journal of Computers Communications & Control, 2019, 14 (1): 78 ~ 89.

[220] Qiao Y, Cappelle C, Ruichek Y. Visual localization Using sequence matching based on multi-feature combination [J]. Sensors, 2017, 17 (11): 324 ~ 335.

[221] Stewart C. An approach to measure distance between compositional diet estimates containing essential zeros [J]. Journal of Applied Statistics, 2017, 44 (7): 1137 ~ 1152.

[222] 赵汝怀. 弗晰聚类的编网法 [J]. 西安交通大学学报, 1980, 14 (4): 33 ~ 40.

[223] Ye J. A netting method for clustering-simplified neutrosophic information [J]. Soft Computing, 2017, 21 (24): 7571 ~ 7577.

[224] Wang Z, Xu Z S, Liu S S, et al. A netting clustering analysis method under intuitionistic fuzzy environment [J]. Applied Soft Computing, 2011, 11 (8): 5558 ~ 5564.

[225] Gonzalez R, Wu G. On the shape of the probability weighting function [J]. Cognitive Psychology, 1999, 38 (1): 129 ~ 166.

[226] Abdellaoui M. Parameter-free elicitation of utility and probability weighting functions [J]. Management Science, 2000, 46 (11): 1497 ~ 1512.

[227] 王坚强，张忠. 基于直觉模糊信息数的信息不完全的多准则规划方法 [J]. 控制与决

策，2008，23（10）：1145～1148.

[228] 张明远，李登峰．基于后悔理论的 IT 软件外包双边匹配决策方法［J］．科技管理研究，2017，37（24）：214～221.

[229] 张顺明，叶军．后悔理论述评［J］．系统工程，2009，27（2）：45～50.

[230] Chorus C G. Regret theory based route choices and traffic equilibria［J］. Transportmetrica，2010，8（4）：291～305.

[231] 张晓，樊治平，陈发动．考虑后悔规避的风险型多属性决策方法［J］．系统管理学报，2014，23（1）：111～117.

[232] Xu Z S. Multi-person multi-attribute decision making models under intuitionistic fuzzy environment［J］. Fuzzy Optimization and Decision Making，2007，6（3）：221～236.

[233] 刘满凤，任海平．基于一类新的直觉模糊熵的多属性决策方法研究［J］．系统工程理论与实践，2015，35（11）：2909～2916.

[234] Herrera F，Viedma E H. Linguistic decision analysis：steps for solving decision problems under linguistic information［J］. Fuzzy Sets and Systems，2000，115（1）：67～82.

[235] Wei G W. Some geometric aggregation functions and their application to dynamic multiple attribute decision making in the intuitionistic fuzzy setting［J］. International Journal of Uncertainty，Fuzziness and Knowledge Based Systems，2009，17（2）：179～196.